Beltz Taschenbuch 863

Über dieses Buch:
Das *eine* Aufklärungsgespräch gibt es nicht. Sexualerziehung ist ein Prozess, den Kinder und Jugendliche durch ihre Fragen immer neu anstoßen. Die Eltern gestalten diesen Prozess aktiv mit. Die Autorin dieses Buches gibt Orientierung dafür, auf welcher Entwicklungsstufe, d.h. in welchem Alter sich Kinder für welche Themen interessieren und rät zu einfach gehaltenen und respektvollen Antworten in Bezug auf das, was Kinder wissen wollen – oder (noch) nicht. Durch zahlreiche, lebendige Berichte von Eltern wird dabei klar, dass eine offene Atmosphäre und die Fähigkeit, Sexuelles beim Namen zu nennen, Kindern und Erwachsenen den Aufklärungsprozess erleichtern. Andererseits aber dienen Schamgefühle der Abgrenzung, sowohl was einen selbst betrifft wie auch den anderen gegenüber und sollten ernst genommen werden. Unsicherheit beim Beantworten der einen oder anderen Frage zu zeigen ist ehrlicher und schafft eine bessere Vertrauensbasis als gespielte Souveränität.
Offenheit und Diskretion – beides also gehört zu einem positiv verlaufenden Aufklärungsprozess. Dieses Buch hilft, ein Gleichgewicht zwischen diesen beiden Polen zu finden.

Die Autorin:
Elisabeth Raffauf, Diplompsychologin und Mutter zweier Kinder, ist Journalistin und arbeitet für den WDR in Köln. Darüber hinaus leitet sie Mädchen- und Elterngruppen, die sich mit den Problemen von Heranwachsenden und ihrer Eltern beschäftigen, zusätzlich hält sie Vorträge zu Erziehungsfragen. Sie ist Autorin mehrerer erfolgreicher Erziehungsratgeber und veröffentlichte als Beltz Taschenbuch »Das können doch nicht meine Sein! – Gelassen durch die Pubertät«. Elisabeth Raffauf lebt in Köln.

Elisabeth Raffauf

Was ist Liebe?

Sexualerziehung in der Familie

Besuchen Sie und im Internet:
www.beltz.de

Anfragen und Zuschriften an die Autorin:
Beltz Verlag · Abteilung Taschenbuch
Werderstraße 10
69469 Weinheim
Fax: 06201-6007387
e-mail: info@beltz.de

Beltz Taschenbuch 863

1 2 3 4 5   07 06 05 04 03

© 2003 Beltz Verlag · Weinheim, Basel, Berlin
Umschlaggestaltung: Federico Luci, Köln
Umschlagabbildung: © Corbis Stock Market, Düsseldorf
Satz: Mediapartner Satz und Repro GmbH, Hemsbach
Druck und Bindung: Druckhaus Beltz, Hemsbach
Printed in Germany

ISBN 3 407 22863 5

Inhalt

1. Kapitel

Von der Reinheit des Leibes und der Seele
Was hat gestern mit heute zu tun?

Früher war Sexualität kein Thema

»Beim Namen genannt wurden die Tatsachen auf sexuellem Gebiet von unseren Eltern nicht. Als ich meine Eltern fragte, woher die Kinder kämen, wurden sie rot. Ein paar Tage später gab mir mein Vater eine Broschüre mit dem Titel, den ich bis zu meinem Lebensende nicht vergessen werde: ›Von der Reinheit des Leibes und der Seele‹. Als ich diese Schrift gelesen hatte, war ich so dämlich wie vorher. Wie Sexualität funktioniert – kein Wort davon.«
(Götz K., 78 Jahre alt, vier Kinder)

Um 1935, als der heute 78-jährige, mehrfache Großvater Götz K. von seinen Eltern wissen wollte, wie er nun entstanden ist, war die Welt – moralisch gesehen – scheinbar noch in Ordnung. Es gab kein jugendverderbendes Fernsehen, kein Internet, aus dem man sich Domina-Filme, Kinderpornografie oder Sex mit Tieren ins Haus holen konnte, und unverheiratete Frauen, die ein Kind erwarteten, wurden von der Gesellschaft geächtet. Wie damals der Vater von Götz K. haben wahrscheinlich viele Eltern auf neugierige Fragen ihrer wissensdurstigen Sprösslinge reagiert. Auch heutige Mütter und Väter kennen verlegene Ablenkungsmanöver, ratlose Blicke und unsichere Erklärungen, wenn es um Fragen zu Körper, Liebe und Sexualität geht.

»Als meine siebenjährige Tochter mich abends beim Zu-Bett-Bringen fragte: ›Mama, was ist eigentlich Sex?‹, da bin ich ins Stocken geraten. Ich wusste nicht, was ich so schnell antworten sollte. Zu-

*erst habe ich zurückgefragt: ›Wie kommst du denn darauf?‹ Dann
habe ich sie auf den nächsten Tag vertröstet.«
(Judith S., 35 Jahre alt, ein Kind)*

Heute halten viele Eltern
Sexualaufklärung für wichtig

Trotzdem ist etwas anders geworden: Heute heißt es: Aufklärung
ist wichtig, Aufklärung muss sein! Darüber sind sich nicht nur
die Gelehrten einig. Viele – wenn auch längst nicht alle – ganz
»normale« Eltern sind offenbar dieser Auffassung. Das belegen
die neuesten Zahlen der Bundeszentrale für gesundheitliche
Aufklärung. In der Studie über Jugendsexualität heißt es: Während etwa 1980 nur 61% der Eltern von Mädchen und 46% der
Eltern von Jungen ihr Kind sexuell aufgeklärt haben, kletterte
die Zahl der Jugendlichen, die im Elternhaus aufgeklärt werden,
bis in das Jahr 2001 auf 74% bei den Mädchen und 65% bei den
Jungen. So gaben es jedenfalls die Väter und Mütter an, die für
die Studie befragt wurden.[1]

Knapp ein Drittel der Kinder
erfahren im direkten Gespräch nichts

Bleibt dennoch ein Rest von 26% der Mädchen und 35% der
Jungen, die nicht zu Hause aufgeklärt werden. Unter den isla-
mischen Kindern in Deutschland sind es ungefähr 60% der
Mädchen und 80% der Jungen, die nicht mit ihren Eltern über
Sexualität sprechen.[2] Aussiedlerkindern der strengglä̈ubigen,
freikirchlichen Gemeinden wird zum Teil von den Eltern verboten, nackte Babys anzuschauen und sich beim Waschen mit
der Hand zu berühren. Eine Bremer Lehrerin erinnert sich an
ein deutsch-russisches Kind, dem die Eltern erzählten, dass sie
ihre Kinder in der Kirche kaufen.[3]

Wie Aufklärung gehen soll, ist häufig unklar

Trotzdem: Die Tendenz zu mehr Aufklärung ist steigend und das ist erst einmal erfreulich. Doch worüber klären die Eltern eigentlich auf? Wie machen sie das und wann? Und woher nehmen sie ihr Wissen?

In ihrer umfassenden Studie zu Sexualität und Aufklärung fanden die Psychologen Norbert Kluge und Ingolf Schmid-Tannwald heraus, dass Empfängnisverhütung und erste Regelblutung Themen sind, die Eltern mit ihren Kindern aufgreifen. Allerdings werden Jungen seltener aufgeklärt als Mädchen. Mehr als die Hälfte von ihnen erfahren von ihren Eltern nichts über den ersten Samenerguss.[4] Auch in der Schule hören die wenigsten etwas darüber. Wer nicht aus »anderen Quellen« etwas über feuchte Träume erfährt, wird, peinlich berührt, eines Morgens von einem nassen Fleck auf dem Bettlaken überrascht.

Was Thema ist bei der elterlichen Aufklärung, wollten auch Prof. Franzkowiak und Peter Sabo 1996 in einer Studie über die Sexualaufklärung in der Familie wissen. Sie fanden heraus: Eltern, meist die Mütter, von 12- bis 14-Jährigen sprechen mit ihren Kindern über Zeugung, Empfängnis und die »Verarbeitung der körperlichseelischen Umbrüche der Pubertät« – was immer damit gemeint ist. Informationen über Verhütung oder das Ansprechen von Intimpartnerschaften gebe es in dieser Zeit wenig. Und das nicht etwa, weil die Kinder längst darüber Bescheid wüssten, sondern mit der Begründung: »Mein Kind ist noch nicht so weit.«[5]

Das bedeutet, dass wichtige Themen ausgespart werden. Und der Mangel an Information über Verhütung bei den 12- bis 14-Jährigen schlägt sich möglicherweise postwendend in der steigenden Zahl der Teenagerschwangerschaften nieder. So ermittelte das Statistische Bundesamt einen Anstieg der Schwangerschaftsabbrüche bei Minderjährigen um 20% im gesamten Bundesgebiet. Waren es 2000 noch 6337, die abtreiben ließen, so gingen 2001 schon 7605 diesen Weg. Parallel dazu bringen immer mehr Mädchen unter 17 Jahren Babys zur Welt, 1998 wurden 3056 Teenager Mutter, 2000 waren es 4421.[6] Ärztinnen führen diese Entwicklung auf das »frühe erste Mal« zurück, das die Kinder überfordert.

Der Sexualforscher Norbert Kluge schließt aus dieser Entwicklung: »Das Wissen über Sex ist extrem gering, die Illusion, etwas zu wissen, dagegen groß – eine besonders gefährliche Mischung.«[7]

Wie Erfahrungen prägen

Woher nehmen Eltern das Wissen, das sie ihren Kindern weitergeben wollen? Aus den spärlichen Erklärungen der Eltern, aus Büchern, Broschüren, Filmen, vor allem aber aus den eigenen Erfahrungen. Und die sind sehr unterschiedlich.

»Ich habe viel aus der ›Bravo‹ erfahren. Die Bildergeschichten habe ich mit großem Interesse gelesen. Ein paar Sachen hat mir eine Freundin erklärt. Sie konnte freier darüber reden als ich. Sie hat mir zum Beispiel gezeigt, wie sich ein Tampon mit Wasser voll saugt, und hat mir auch was über das Küssen und Petting erklärt.« (Beate M., 37 Jahre, zwei Kinder)

Der oben erwähnte Großvater stellte fest, dass er trotz eigener Anstrengungen, etwas über die geheime Welt der Liebe und Sexualität zu erfahren, doch recht »dumm« in die Ehe gegangen sei. Als »neugieriger Dreikäsehoch« hatte er erst mal nur gelernt: »Erwachsene bekommen einen roten Kopf, wenn man sie nach der eigenen Herkunft oder nach dem Unterschied zwischen Jungs und Mädchen fragt.« Für den wissensdurstigen Jugendlichen verfestigte sich dann die Erkenntnis: »Über Sexualität spricht man nicht.«

Deutschlands berühmtester Sexualaufklärer, Oswalt Kolle, der besonders Ende der 1960er-, Anfang der 1970er-Jahre die Nation über Liebespraktiken »ins Bild setzte«, weiß über den Einfluss der eigenen Erfahrungen:

»Es kamen damals Tausende von Briefen von Leuten, die gesagt haben, ›das ist alles wunderbar, aber wir sind ja völlig verklemmt, wir wissen selber nichts. Wir können mit unseren Kindern gar nicht reden, weil wir das selbst sehr schamhaft machen, wenn wir's überhaupt machen im Dunkeln unter der Bettdecke‹.«[8]

Konsequenzen aus den eigenen Erfahrungen

Götz K. hat sich als junger Familienvater fest vorgenommen: »Das, was meine Kinder zu Hause erfahren, soll an Wissen das übersteigen, was ich mitbekommen habe.« Er ging sogar noch weiter:

»Ich, meinerseits, wollte später ganz einfach jede Frage meiner Kinder beantworten.«

Außerdem entsprang seinen Erlebnissen wahrscheinlich der Vorsatz: Den roten Kopf würde ich meinen Kindern gerne ersparen. Dieser Wunsch scheiterte dann, wie er rückblickend findet, an seinen beruflichen Ambitionen und der mangelnden Zeit für die Familie. Seine Frau übernahm den Part des Gespräches mit den Kindern. Eine Sehnsucht nach Normalisierung des Themas Sexualität blieb. Heute freut er sich, dass »wenigstens meine 44-jährige Tochter es besser macht als meine Eltern und ich selbst«. Sie bezog, nach eigenen Aussagen, ihr Wissen aus Gesprächen der Brüder, die sie belauschte, und aus der »Bravo«.

Eltern heute stellt sich eine neue Herausforderung: Wie erzieht man als Erwachsener, der selbst früher nur relativ dürftige Vorbilder in Bezug auf Lockerheit und ein offenes häusliches Klima hatte, seine eigenen Sprösslinge zu aufgeklärten Kindern?

Stolperstein: Liebesfragen

Das Erläutern der Fragen »Wie kommen die Kinder aus dem Bauch?« oder – etwas schwieriger – »Wie kommen sie hinein in denselben?« ist dabei für manche Eltern gar nicht mehr der größte Stolperstein. Und die Geschichte mit dem Klapperstorch wird mittlerweile auch nicht mehr so häufig aus dem Ärmel gezaubert.

Es gibt schöne und witzige Bücher[9] bereits für Kinder im Vorschulalter und viele präzise und treffende Ausdrücke, die als Krücken oder auch handfeste Orientierung den Kindern und den Eltern dienen können.

Schwieriger wird es, wenn Eltern auf die Fragen ihrer Sprösslinge eingehen wollen, die sich aus aufgeschnappten Worten im Kindergarten oder Schulalltag stellen. Denn was sollen sie machen, wenn sie plötzlich der Fünfjährige bestürmt: »Mama, was ist wichsen?«, oder wenn die Achtjährige ihren Vater vor das Rätsel stellt: »Papa, ich weiß ja schon alles, aber was ist eigentlich Orakelsex?« Ganz Wissbegierige scheuen sich auch nicht, ihre Kenntnisse um Informationen zu erweitern wie »Mama, mit wie vielen Männern hast du schon geschlafen?«.

Die 62-jährige Lehrerin Irene S. klärt seit 25 Jahren Grundschüler und -schülerinnen auf. Ihre Erfahrung zur Aufklärungshaltung von Eltern:

»Solange man über die Mutterschaft redet, okay. Schwierig wird es, wenn Kinder fragen: ›Macht ihr das denn auch?‹«

Vorab gleich zur Beruhigung: Auf Fragen wie die weiter oben zitierten einen roten Kopf zu bekommen wäre nicht völlig unangemessen. Wer bei solchen Fragen nicht wenigstens kurz innehält oder ins Stottern kommt, dem würde zumindest ein bisschen Schamesröte vielleicht ganz gut zu Gesicht stehen. Auf besondere »Coolness« kommt es nicht an. Aufklärung heißt nicht, alle Fragen der Kinder locker vom Hocker beantworten zu können nach dem Motto »Wir können ja über alles reden«. Das wäre genauso eine Lüge wie die vom Klapperstorch. Schamgrenzen zu beachten und zu respektieren, auch die eigenen, gehört ebenso zur Aufklärung dazu, wie das Bemühen um ein offenes Klima, in dem Kinder erst mal ihre Fragen stellen dürfen. In einem solchen Klima können sie lernen, die Eindrücke, die sie fast täglich von allen Seiten über Sexualität bekommen, einzuordnen und eine Verbindung herzustellen zwischen den Informationen und ihrem eigenen Gefühl dazu.

Sexualerziehung gleich Selbsterziehung

Sexualerziehung beinhaltet, dass Kinder an Vorbildern lernen – in der Regel und am deutlichsten an den Eltern. Sie schließt die Reaktion auf scheinbar unverfängliche, aber viel verunsicherndere Beobachtungen der Kinder ein wie »Mama, wie findest du den Herrn Stratmann von nebenan? Warum habt ihr euch gerade so komisch in die Augen geschaut?« oder auch die Frage »Was ist Liebe?«.

»In der Sexualaufklärung geht es nie nur um unsere Kinder, sondern wir selbst sind immer mitbetroffen«, stellt der Pädagoge Helmut Kentler fest.[10] Denn die Aufklärung in der Familie hat viel mit der eigenen Aufklärungsgeschichte der Eltern zu tun. Ein Vater, der sieht, wie sein kleiner Sohn an seinem Glied herumspielt, bis es steif ist, kann hundert schlaue Bücher gelesen haben, dass Masturbation unschädlich ist, doch die Erinnerung an seine Schuldgefühle, als er selbst als Junge heimlich onaniert hat, obwohl es strengstens verboten war, ist stärker. Deshalb postuliert Kentler: »Sexualerziehung verlangt Selbsterziehung.« Und das heißt zum Beispiel, »sich mit seiner eigenen ›Aufklärungsgeschichte‹ auseinander zu setzen«[11]. Wie bin ich eigentlich aufgeklärt worden? Was hat mich beeinflusst? Was ist mir vermittelt worden?

An eigenen Erfahrungen können Eltern ablesen, was sie selbst geprägt hat und wie sie sich daraus weiterentwickelt haben. Fragen schließen sich an: Wo sind heute meine Grenzen? Wo sind meine Möglichkeiten? Was halte ich für wichtig? Welche Grenzen der Kinder gilt es unbedingt zu respektieren?

Für die Aufklärung wie auch für die Kindererziehung im Allgemeinen gilt, dass sich keine linearen Zusammenhänge ergeben nach dem Motto: Wenn ich »A« mache in der Erziehung, kommt »B« dabei raus. Aber Eltern können Kindern ein gutes Angebot machen. Die Wahrscheinlichkeit ist groß, dass ein Kind, welches in einer wohlwollenden, liebevollen und körperfreundlichen Haltung erzogen wurde, später seine Sexualität selbstverständlicher leben kann. Die Reflexion der eigenen Erfahrung kann Eltern dabei helfen, bewusster mit den Wünschen, Bedürfnissen und Grenzen der Kinder umzugehen. In diesem Buch kommen deshalb viele Eltern zu Wort, die darüber nachgedacht haben, was gestern mit heute zu tun hat.

2. Kapitel
Die Geschichte vom Samen und der Eizelle
Was ist Aufklärung?

Phantom: Aufklärungsgespräch

»Als ich im Alter von neun Jahren, sehr früh, meine Tage bekam, dachten meine Eltern, das sei jetzt ein Grund, dass man mich aufklären sollte. Man suchte in der ganzen Familie nach einem oder nach einer, die wohl die richtigen Worte finden könnte. Sie fanden dann eine Tante, die Studienrätin war, die selbst aber kein Kind hatte. Sie nahm mich mit in einen Weinberg … Mühlheimer Rosenberg, ich werd es nie vergessen. Und meine Tante begann zu sprechen, und ich muss zugeben, ich habe überhaupt nicht gewusst, wovon sie sprach. Sie hat mit geschwollenen Sätzen irgendetwas erzählt, und ich wusste gar nicht, was das war. Das Einzige, was ich noch in Erinnerung habe, war, dass sie mir sagte: ›Also die Kinder, die wachsen bei der Mutter im Bauch.‹ Das war die Aufklärung.«
(Irene S., 63 Jahre alt, zwei Kinder)

Irene S. wurde 1939, drei Monate vor Ausbruch des Zweiten Weltkrieges geboren. Das »Aufklärungsgespräch« ist für sie eine bleibende Erinnerung, denn es war in ihrem alltäglichen Leben zwischen Weinbergen, Geschwisterstreit, dem Besuch einer zweiklassigen Landschule, ein herausragendes Ereignis:

»Meine Mutter war auf einer Reise gewesen. Als sie zurückkam und vom Bahnhof, der auf der anderen Moselseite lag, ins Bötchen stieg, stand ich schon unruhig am anderen Ufer und rief ihr entgegen: ›Mutti, Mutti, stimmt das, dass die Kinder aus dem Bauch bei der Frau kommen?‹ Meine Mutter, ganz verlegen ob all der Männer in dem Boot, nickte nur von weitem. Aber ich war dann

15

beruhigt. Das war eigentlich alles, worüber man mich aufgeklärt hat. Wie das Baby da hineinkommt, das war eigentlich nie Gegenstand, weder in der Schule noch zu Hause wurde darüber gesprochen.«

Kleine Geschichte der Aufklärung

Tante und Mutter von Irene S. haben wahrscheinlich damals das ihnen Bestmögliche getan. Nachdem sie recht zügig den Schock über das frühe Einsetzen der Periode des Kindes verdaut hatten, war ihnen klar: Jetzt galt es, zu handeln. Immerhin sollte die 9-jährige Irene etwas über ihren Körper erfahren, und es wurde genau überlegt, wie man, völlig ungeübt und wahrscheinlich selbst sehr unwissend, einer 9-Jährigen die elementaren Kenntnisse über die Weiblichkeit am besten vermitteln könnte. Das war 1948, genau das Jahr, in dem in den USA der erste Band des Kinsey-Reportes erschien: »Das sexuelle Verhalten des Mannes«. Diesen streng wissenschaftlichen Wälzer, für den Alfred C. Kinsey in einem Zeitraum von 15 Jahren viele tausend Männer und Frauen über ihr Sexualverhalten befragte, konnten Tante und Mutter noch nicht kennen. Es ist auch sehr fraglich, ob die Erziehungsberechtigten der mittlerweile 15-jährigen Irene mit diesem Werk in Berührung gekommen wären. In Deutschland jedenfalls erschien das Buch, zusammen mit seinem zweiten Band »Über das sexuelle Verhalten der Frau«, Mitte der 50er-Jahre und galt anfangs in weiten Kreisen als verrucht und »unappetitlich«.

Mitte der 60er-Jahre ging es dann in Deutschland auf breiter Ebene »zur Sache«. Der ehemalige Bild-Zeitungs-Redakteur Oswalt Kolle schickte sich an, zunächst über »Quick« und die »Neue Revue«, Schwung in deutsche Ehebetten zu bringen. Der »Aufklärer der Nation« spaltete das Volk in Anhänger und Gegner. Um »hoffähig« zu werden, unterbrach er die gezeigten Sex-Szenen immer wieder mit wissenschaftlichen Diskussionen und lateinischen Ausdrücken für sexuelle Handlungen, wie etwa »coitus interruptus« anstatt »Rückzieher«. Kolle konnte indes nicht verhindern, dass auch noch Ende der 60er-Jahre im Fernsehen die Frage diskutiert wurde, ob man überhaupt aufklären sollte.[1] Seine Filme fachten diese Diskussion wahrscheinlich erst an.

In den 1970er-Jahren bringt der Soziologe Günther Amendt die Sache auf den Punkt: In seinem Aufklärungsbuch »Sexfront« nennt er drastisch und unverblümt alle Geschlechtsteile und sexuellen Praktiken umgangssprachlich beim Namen. Unverschnörkelt spricht er von »Schwänzen«, »Mösen« und »Geilheit« und bildet in dem Bestseller fotografisch alle Körperteile in jedweder Stellung ab.

Das Interesse, aber ebenso der Schock und die Empörung über seine »Schamlosigkeit« waren groß. Natürlich waren auch Rainer Langhans und Uschi Obermaier mit ihrer Kommune K1 in breiten Kreisen der Bevölkerung verrufen. Sie propagierten die freie Liebe unter dem Slogan »Wer zweimal mit derselben pennt, gehört schon zum Establishment«.

Indes war Irene S. Mutter von zwei Kindern und als Lehrerin an einer Grundschule tätig. Dort machte sie sich Gedanken, wie sie ihre Kenntnisse über das Entstehen der Babys und ihre Entwicklung im Mutterleib den 8- bis 10-jährigen Schülerinnen und Schülern nahe bringen konnte.

Anfang der 80er-Jahre wurde der Sexualkundeunterricht zum Pflichtfach an Grundschulen. Für Irene S., die selbst in der Schule lediglich von Mendels Vererbungsgesetzen gehört hatte, war das keine einfache Sache.

»Ich mache das jetzt seit vierzig Jahren, und ich habe festgestellt, dass mir das am Anfang auch nicht so ganz leicht gefallen ist. Obwohl ich selbst verheiratet bin und auch zwei Kinder habe. So ganz leicht fiel mir das nicht, die Kinder aufzuklären.«
(Irene S., 63 Jahre, zwei Kinder)

Die ersten Schülerinnen und Schüler, die Irene S. in ihre Obhut nahm – unter anderem, um sie aufzuklären –, sind die Eltern von heute. Sie hatten vielleicht Voraussetzungen wie diese:

»Meine Mutter hat uns richtig offiziell aufgeklärt. Sie hat das eingefädelt in Form eines Sonntagnachmittagsspaziergangs. Ich glaube, ich war neun. Die ganze Familie ging spazieren, und da hat sie mich zur Seite genommen und gesagt: ›Weißt du eigentlich, wo die Kinder herkommen?‹ Ich hab dann natürlich wahrheitsgemäß ›Nein‹ gesagt. Und dann hat sie mir erzählt, dass es einen Mutterkuchen gebe und dass der im Bauch der Mutter sei und dass die Kinder dort ernährt würden. Wenn sie dann satt seien, kämen sie aus dem Bauch der Mutter heraus. Meine Mutter hat mir nicht erklärt, wie die Kinder in den Bauch reingekommen sind. Das hätte ich sicherlich nicht gefragt, weil bei uns Körper und solche Fragen nie eine Rolle gespielt haben.«
(Elke H., 42 Jahre alt, zwei Kinder)

»Ich bin zwangsaufgeklärt worden. Meine Eltern fanden es eigenartig, dass ich so wenig fragte. So nahm mich meine Mutter in einem Urlaub auf einen Spaziergang mit und klärte mich auf. Mir war das Gespräch sehr unangenehm. Meine Schwestern wurden von meinem Vater aufgeklärt. Meine Eltern hielten es wohl für progressiv, eine gegengeschlechtliche Aufklärung zu machen.«
(Johann W., 43 Jahre alt, zwei Kinder)

Spaziergänge oder zumindest der Aufenthalt in der Natur schien vor 35 wie vor 53 Jahren gleichermaßen manchen Eltern der angemessene Rahmen für »das Aufklärungsgespräch«. Versprachen sie sich in der frischen Luft die Möglichkeit, unbemerkt selber mal tief Luft holen zu können? Zumindest erlaubt der gemeinsame Gang mit den Sprösslingen, sich nicht ins Gesicht sehen zu müssen. Rote Ohren und Zucken der Mundwinkel konnten so leichter vor den »Aufzuklärenden« verborgen werden.

Ein erlaubter Griff in die Trickkiste. Wobei die Inhalte der

Aufklärungsgespräche denen der Generation davor sehr ähneln. Es geht um die Entwicklung der Babys und weniger um die Jugendlichen und die Erwachsenen. Vom eigenen Körper oder dem des anderen Geschlechts ist auch keine Rede. Geschweige denn von Sex und Lust.

Sexualität ist umfassend

Sexualität wird oft gleichgesetzt mit Genitalität. Gemeint sind dann die primären Geschlechtsorgane und deren Funktion, die körperliche Vereinigung zweier Menschen. Vielleicht ist noch Petting mit eingeschlossen, aber dann hört es auch schon bald auf. Dass Gefühle, Liebe, Lust, Leiden und Leidenschaft eine wesentliche Rolle spielen können, ist nicht so richtig herauszuhören.

Im Duden steht: »*Sexualität heißt Geschlechtlichkeit. Es ist die Gesamtheit der im Sexus begründeten Lebensäußerungen.*« Was soll das heißen? Der Begriff »Sexualität« tauchte im 19. Jahrhundert im deutschen Sprachgebrauch auf und fasste viele sinnliche Erfahrungen zusammen, die man dem Wort nicht unmittelbar entnehmen kann: Sinnlichkeit, Lust, Begehren, Zärtlichkeit, Leidenschaft, Affektivität, Erotik. Sigmund Freud, der Begründer der Psychoanalyse wollte den Begriff des Sexuellen erweitern und darunter »das Lieben in all seinen Variationen und Spielarten« verstehen.

Nachfolger Freuds wie der amerikanische Psychoanalytiker Joseph Lichtenberg heben deutlich den sinnlichen Aspekt von Sexualität hervor, das Streben nach sinnlicher Lust, das sich auch darin manifestiert, wenn wir ein warmes Bad nehmen, uns mit beruhigender, sanfter oder exzessiver Musik umgeben oder ein Essen zelebrieren. Lichtenberg macht einfach darauf aufmerksam, dass zur Sexualität die Erfahrung von Sinnen, Kontakt, aber auch Aggression und Macht gehören.[2]

Die Pro-Familia-Mitarbeiter Kleinschmidt, Martin und Seibel definieren, wie umfassend Sexualität ist[3]:

»Sexualität ist ein menschliches Bedürfnis. Sie äußert sich in dem Wunsch nach körperlich-seelischer Lust, Wohlbefinden und Zärtlichkeit und zielt auf Erregung und Befriedigung ab ... Sexualität realisiert sich im Streicheln, Liebkosen und Küssen, ebenso wie in allen denkbaren ›Stellungen‹ und Sexualpraktiken; sie beinhaltet die Möglichkeit der Selbstbefriedigung sowie sexuelle Erfahrungen mit Menschen des eigenen und/oder anderen Geschlechts. Homo-, Hetero- und Bisexualität sind gleichberechtigte Lebensformen. Sexualität steht in Verbindung mit Phantasien und Gefühlen. Sie kann Wärme, Lust, Geborgenheit, Spannung, Sinnlichkeit, Nähe und Harmonie vermitteln – aber auch Enttäuschung, Angst, Zweifel, Zwiespalt, Wut, Langeweile und Aggression.«

Hier wird deutlich, dass es kein punktgenaues Aufklärungsgespräch gibt, das keine Fragen offen lässt. Außerdem kommt dazu, dass sich die Sexualität im Laufe des Lebens wandelt. In der frühen Kindheit sind die körperliche Nähe, das Schmusen, Kuscheln, Zärtlichsein von zentraler Bedeutung. Später interessiert sich das Kind mehr und mehr für den eigenen und den anderen Körper. In der Pubertät tritt dann die genitale Sexualität in den Vordergrund. Es geht um Selbstbefriedigung und das Miteinanderschlafen. Bei positiver Erfahrung wächst in der Regel im Erwachsenenalter die Lust an der genitalen Sexualität. Später macht sie vielleicht wieder einem größeren Bedürfnis nach Liebe und Zärtlichkeit Platz.

Wenn das also alles Sexualität bedeutet – was bedeutet dann Sexualaufklärung?

Sexualerziehung ist noch umfassender

Kommen wir zurück zur Geschichte vom Samen und der Eizelle. Nehmen wir an, nur dies wäre Gegenstand der Aufklärung, dann wäre dieser »Sachverhalt«, wenn alles gut geht und die Eltern sich trauen, das Kernstück eines Aufklärungsgespräches. Mit Blick auf die Gegenwart würde einem jedoch schnell klar werden, dass allerspätestens seit Einführung der Pille die Entstehung der Babys nicht mehr notwendiger Bestandteil genitaler Sexualität ist. In einem einmaligen Aufklärungsgespräch, das sich nur auf die Entstehung der Babys konzentriert, blieben also die körperlichen Empfindungen einfach »vor der Tür«. Mutter und Tante von Irene S. hatten sich nicht klar gemacht, dass die Einmaligkeit des Ereignisses »Aufklärungsgespräch« und das Schweigen drum herum genauso Teil der Aufklärung waren wie das Gespräch selbst. »Das Baby im Bauch hat mit mir, meinem Körper und meiner Lust gar nichts zu tun« – das war die unausgesprochene Botschaft.

Was also gehört neben der Geschichte von Ei und Samen noch zur Sexualaufklärung? Für Lehrerinnen und Lehrer in der Schule, also auch für Irene S. ist die Aufgabe so formuliert:

»Schulordnungsgesetz des Landes Nordrhein-Westfalen:

§1, Abs. 5: Die Sexualerziehung gehört zum Erziehungsauftrag der Schule. Sie erfolgt fächerübergreifend und ergänzt die Sexualerziehung durch die Eltern. Ihr Ziel ist es, die Schüler altersgemäß mit den biologischen, ethischen, sozialen und kulturellen Fragen der Sexualität vertraut zu machen. Sie soll die Schüler zu verantwortungsbewussten, eigenverantwortlichen und sittlich begründeten Entscheidungen und Verhaltensweisen sowie zur gleichberechtigten Partnerschaft, insbesondere in Ehe und Familie, und zur Toleranz gegenüber anderen Lebensweisen befähigen. Die Erziehungsberechtigten sind über Ziel, Inhalt und Methoden der Sexualerziehung rechtzeitig zu unterrichten.«[4]

Das ist ein hoher Anspruch. Außerdem hat Irene S. durch diesen Auftrag möglicherweise zunächst Ärger mit den Eltern. Deshalb verfährt sie so:

»Ich bespreche mit den Eltern, dass es ihr Recht ist, die Kinder aufzuklären. Dann gebe ich ihnen beispielsweise im 3. Schuljahr von September bis Weihnachten Zeit. Aber dann, wenn sie das nicht machen, dann übernehme ich das und nach Weihnachten kläre ich die Kinder auf.«
(Irene S., 63 Jahre alt, zwei Kinder)

Die 62-Jährige besucht mit der Klasse eine gynäkologische Praxis und lässt sich den Ultraschall vorführen, oder sie lässt die Kinder sich mit Aufklärungsbüchern unter die Tische verziehen und redet später mit ihnen über das, was sie gelesen haben. Sie versucht, die Fragen der Kinder zu beantworten. Auch aus der Überzeugung heraus, dass es besser ist, sie klärt die Kinder auf, als dass es auf der Straße geschieht.

Was ist Aufklärung heute?

Aufklärung ist mehr, als über Verhütung, Geschlechtsverkehr und Aids zu sprechen. Moderne Pädagoginnen und Pädagogen reden lieber von Sexual*erziehung*, um deutlich zu machen, dass es nicht um übereifrige Bekehrungen und auch nicht um eine einmalige Angelegenheit geht. Sexualaufklärung sollte eingebettet sein in die restliche Erziehung. Sie ist ein Prozess, eine Haltung; in der Schule und zu Hause.

Die siebenjährige Lea kommt in die Küche, während ihre Mutter gerade dabei ist, das Pizzablech in den Ofen zu schieben. Sie hat eine Frage: »Mama, dieses Ding, das man benutzt, damit man keine Kinder bekommt, hast du das damals, nachdem Luis und ich geboren waren, dem Papa über den Pimmel gezogen oder hat der Papa das selber gemacht?« Das Pizzablech wackelt bedrohlich, und die Mutter, sonst recht wortgewandt, wird verlegen. Über den Sinn und Zweck eines Kondoms waren die Kinder vor etwa zwei Jahren unterrichtet worden, nachdem sie mal ein Kondom auf dem elterlichen Nachttisch haben liegen sehen. »Ich mache das meistens«, kommt die zögerliche Antwort. Für Lea erst mal ausreichend.

Was bedeutet in diesem Fall Sexualaufklärung? Die technische Aufklärung über die Funktion von Kondomen ist ja bereits erfolgt. Lea möchte mehr wissen: zum Beispiel, welche Rolle ihre Mutter in der Sexualität mit ihrem Vater spielt. Und auch, welche Möglichkeiten bzw. Pflichten sie später einmal im Umgang mit der Verhütung erwarten. »Muss bzw. kann ich da auch Einfluss nehmen?« – »Wie geht Liebe?«

In neueren Studien wird Sexualerziehung gleichgesetzt mit Sozialerziehung.[5] Die Stärkung der Persönlichkeit des Kindes soll im Vordergrund stehen. Zärtlichkeit und Fairness sind zentrale Begriffe, um die es gehen soll. Aufklärung beschränkt sich nicht auf rein technische Erklärungen über die Funktionen der Geschlechtsorgane. Sexualerziehung heißt ja auch Weitergabe von Rollenbildern als Mann und Frau, von Haltungen zu Körper und Gefühl, Vermittlung von Selbstwertgefühl. Und das findet auf mehreren Ebenen statt. Hierzu zwei Beispiele:

»Wenn ich mit meinem Sohn bade, fasst er gelegentlich meinen Penis an. Aber das Interesse daran dauert lediglich zwei Sekunden. Dann wendet er sich wieder seinem Entchen zu. – Gleichzeitig ist es von meiner Seite aus so: Noch nie in meinem Leben war ich einem anderen männlichen Wesen so vorbehaltlos nah. Das ist quasi homoerotisch, ohne dass es sexuell ist oder mit Erregung zu tun hat, sondern seelisch. Ich glaube, das ist eine wichtige Basis für alles andere. Das ist es, das für mich die Sexualerziehung oder Geschlechtserziehung ausmacht. Genauso, wenn ich abends koche. Dann bin ich ein Mann, der kocht. Die Sexualaufklärung ist dann nur Informationsabgabe.«
(Martin S., 43 Jahre alt, ein einjähriger Sohn)

»Wir wurden nicht im direkten Gespräch aufgeklärt. Bei uns fand die Aufklärung durch die Gespräche der Erwachsenen untereinander und durch die Geschwister statt. Wir waren sehr oft in großer Runde mit Onkels, Tanten, Nachbarn, Halbgeschwistern usw. zusammen und hörten deren Gespräche an. Keiner von uns Kindern fragte etwas, aber man kriegte alles mit. Wir machen das heute zu Hause auch so: Wir besprechen ein Thema wie Liebe oder erste Menstruation in großem Kreis, so bekommen die Kinder mehrere Meinungen mit, und man hat als Mutter nicht den Stress, allein alles richtig erklären zu müssen.«

(Shahin F., 37 Jahre alt, zwei Kinder, Perserin)

3. Kapitel
Es kribbelt so schön
Erotik fängt nicht erst mit 16 an

Sigmund Freud und keine Folgen:
Die Angst vor der Sexualität des Kindes

»Sexualität ist die Nahtstelle zwischen Körper und Seele schlechthin. Sie ist zum einen ganz und gar körperliches Geschehen, zum anderen reichste und tiefste menschliche Möglichkeit, um der Seele Sprache und Ausdruck zu verleihen.«
(Ingrid Löbner, Sexualberaterin)[1]

Sigmund Freud hat offenbar gar nichts genützt. Seit Jahrzehnten und in jedweder Fach- oder Populärliteratur steht es dick und fett, was der Psychoanalyse-Papst zu Beginn des vorigen Jahrhunderts gesagt hat: Das Kind ist vom Tag seiner Geburt an ein sexuelles Wesen. So wird es auch in diesem Buch wieder stehen. Nur weiß ich aus Gesprächen mit Eltern von Kindergartenkindern, dass das Erstaunen und die Verwunderung über die Vorstellung, ihr Baby sei ein sexuelles Wesen, ungebrochen sind. Wie kommt dieser Widerstand, obgleich doch alle Eltern, wenn sie aufmerksam sind, feststellen können, dass Kinder Lust empfinden? Dass kleine Mädchen sich mit Wonne am Kitzler streicheln? Dass der Penis selbst des kleinsten Jungen schon steif werden kann? Dass Nuckeln, Schmusen, Lullen für Babys zu den schönsten Beschäftigungen der Welt gehört?

Freud war ein vorausschauender Mensch. Die Psychoanalytikerin Christiane Olivier erinnert daran, dass er sich der Abwehr der Mütter bewusst war, wenn sie seine Erkenntnisse hören würden: »Der Verkehr des Kindes mit seiner Pflegeperson ist für dasselbe eine unaufhörlich fließende Quelle sexueller Erregung und Befriedigung von erogenen Zonen … Die Mutter würde wahrscheinlich erschrecken, wenn man sie darüber aufklärte, dass sie mit all ihren Zärtlichkeiten den Sexualtrieb ihres Kindes weckt und dessen spätere Intensität vorbereitet … Sie erfüllt nur ihre Aufgabe, wenn sie das Kind lieben lehrt: es soll ja ein tüchtiger Mensch mit energischem Sexualbedürfnis werden …«[2]

Kindliche Sexualität ist anders als die Sexualität von Erwachsenen

Der Schreck, den immer noch viele Mütter und Väter bei dem Gedanken haben, ihr »Kleines« sei ein sexuelles Wesen, ist verständlich. Er resultiert aber vor allem aus ihren eigenen Gedanken. Aus dem, was sie selbst über Sexualität wissen, gelernt und erfahren haben. Und das ist teilweise nichts Gutes; auf jeden Fall aber hat dieser Schreck etwas mit erwachsener, genitaler Sexualität zu tun. Klar, dass Eltern die Ampel sofort auf Rot stellen, dass sie Angst davor bekommen, ihre eigenen Vorstellungen könnten sie in Verlegenheit bringen. Deshalb möchte ich hier noch einmal betonen: Kindliche Sexualität unterscheidet sich deutlich von der Sexualität Erwachsener. Kindliche Sexualität ist keine zielgerichtete, genitale Befriedigung. Sie ist autoerotisch, das heißt, sie dreht sich um den eigenen Körper und bezieht sich auf kein Sexualobjekt. Kindliche Sexualität hat mit neugierigem Forschen, mit ungerichtetem Genießen und Lust zu tun.

Eltern wissen in der Regel, wie sehr ihr Baby es genießt, am Bauch gekrault oder an den Füßen massiert zu werden. Wie genüsslich das Baby beim Nuckeln an der Brust der Mutter einschläft, wie gut es ihm dabei geht. Sie würden es nur nicht Sexualität nennen. Unter kindlicher Sexualität versteht man ein sinnliches In-der-Welt-Sein des Kindes. Die Lust- und Wonneempfindungen bei Berührungen, Streicheln, Nuckeln wirken als Motor, als Antrieb, sich dieses schöne Gefühl wieder und wieder selbst zu verschaffen. Und das von Geburt an.

Die sexuelle Entwicklung des Kindes

Neuere Forschungen »toppen« die Erkenntnisse Freuds: Nicht erst das Neugeborene ist ein sexuelles Wesen, die Lust geht schon im Mutterleib los. Bereits mehrere Monate vor der Geburt kann man per Ultraschall feststellen, dass kleine Jungen im Bauch der Mutter so genannte reflexhafte Erektionen haben. Und kleine Mädchen? Da kann man das nicht so beeindruckend erkennen. Aber Vaginalfeuchte und Klitoriserektion 24 Stunden nach der Geburt deuten darauf hin, dass auch bei ihnen die sexuellen Reize schon vorgeburtlich funktionieren.[3]

Schauen wir uns die sexuelle Entwicklung des Kindes nach Sigmund Freud an. In den »Drei Abhandlungen zur Sexualtheorie«[4] hat er eine Phaseneinteilung vorgenommen: Da ist zuerst die *orale Phase*.

Os heißt Mund. In dieser Phase ist der Mund des Kindes das zentrale Organ seiner Lust. Nuckeln und Saugen an Brust oder Flasche, zunächst um Nahrung aufzunehmen, werden vom Säugling als lustvoll empfunden. Ruck, zuck werden das Saugen und Lutschen an der Mutterbrust, an Schnullern, Fingern und Tüchern auch unabhängig von der Nahrungsaufnahme gern gemacht, um sich Lust und Befriedigung zu verschaffen. Etwa ab dem vierten Monat tritt das Lutschen etwas zurück. Wenn das Kind müde ist, wird es weiterhin Finger oder Schnuller in den Mund stecken. Im Wachzustand beginnt es, den eigenen Körper als Lustquelle zu entdecken. Es macht ihm Spaß, mit seinem Körper zu spielen, ihn zu erforschen. Dabei entdeckt es die Geschlechtsorgane als besonders lustvoll. Das hat in diesem Alter noch nichts mit Selbstbefriedigung zu tun. Ein Einjähriger ist nicht fähig, so gezielte und geordnete Bewegungen auszuführen, um sich bis zum Orgasmus zu reizen.

Die zweite, von Freud herausgestellte Phase ist die *anale Phase*. Anus heißt After oder Darmausgang. Diese Phase beginnt im zweiten Lebensjahr. Das Kind fängt an, seinen Schließmuskel zu beherrschen. Das Loslassen und Festhalten von Kot und Urin wird zum lustvollen Spiel. Es verschafft sich selber ein schönes Gefühl.

Als Drittes folgt die *phallisch-genitale Phase*. Freud setzte sie vom dritten bis zum fünften Lebensjahr an. Kinder empfinden Lust daran, besonders ihren Penis bzw. ihre Klitoris zu berühren, zu streicheln, zielgerichteter, als das bisher der Fall war. Kinder nehmen jetzt ganz klar Geschlechtsunterschiede wahr. Mädchen stellen fest, dass sie das gleiche Geschlecht wie die Mutter oder die Schwester haben, Jungen, dass sie ebenso wie der Vater einen Penis und Hoden haben. Kinder entwickeln eine Neugier, ihren eigenen und den andersgeschlechtlichen Körper zu erforschen.

Freuds Einteilung wird bis heute von den meisten Sexualwissenschaftlern als plausibel angesehen. Mit einigen Einschränkungen: Der individuellen Erklärung Freuds wird eine soziologische zur Seite gestellt. Das heißt: Die Entwicklung kindlicher Sexualität wird beeinflusst von historischen, gesellschaftlichen, sozialen und kulturellen Umständen. Es ist nicht gleichgültig, ob Kinder

- »heute, vor 50 Jahren, im Mittelalter oder zur Zeit der Römer aufwachsen bzw. aufgewachsen sind,
- in Deutschland oder in einer Stammeskultur am Amazonas sexuell sozialisiert werden,
- in einer Familie leben, in der der Umgang mit Körperlichkeit und Sexualität selbstverständlich ist, oder in einer solchen, in der diese Bereiche tabuisiert sind«.[5]

Das Interesse am eigenen Körper

Wenige Erwachsene können sich an eigene frühe erotische Gefühle und an Situationen erinnern, in denen sie sich selbst erregt haben und Spaß daran hatten:

»Ich weiß noch, wie ich immer in der Badewanne lag. Wir hatten so ein Schaumbad, ich war vier oder fünf Jahre alt, und ich erinne-

re mich, dass ich Erektionen hatte. *Ich hab dann immer die Eichel aus dem Badeschaum rausgucken lassen, dass mein Penis aussah wie ein Leuchtturm. Das war unheimlich lustig, ein sensationelles Gefühl, eine starke Körperspannung.«*
(Michael K., 42 Jahre alt)

»*Erst als erwachsene Frau ist mir aufgegangen, dass ich schon mit drei, vier mich selbst befriedigt habe. Im Wohnzimmer der Oma, die bei uns lebte, gab es eine ›Chaiselongue‹, ein altmodisches Sofa. Darauf verzog ich mich, bewegte rhythmisch die Beine und spürte die angenehme Hitze im Unterleib hochsteigen, träumte von Afrika, von Stränden, von der Fremde und ihren Menschen. Manchmal kam meine Mutter vorbei und sagte dann: ›Na, regst du dich wieder ab?‹ Die Reaktion wäre sicher anders ausgefallen, wenn sie erkannt hätte, dass es um sexuelle Erregung ging. Denn der Unterleib war für uns Kinder ein hochgradig krankheitsgefährdetes Körperteil. Selbst gestrickte wollene Hosen mussten das ganze Jahr, mit Ausnahme einiger heißer Sommertage, über der Unterhose getragen werden.«*
(Christiane S., 42 Jahre alt)

Vielleicht können auch Sie sich an solche Erlebnisse erinnern und Ihnen fällt ein, welche Reaktionen Sie sich von Ihren Eltern gewünscht hätten. Oder vielleicht am besten gar keine?

Selbstbefriedigung ist ein heikles Thema. Heutige Eltern sind zum Teil noch mit der Anweisung aufgewachsen, im Bett die Hände über der Bettdecke zu halten. Wie sollen sie jetzt reagieren, wenn die eigenen Kinder sich an Penis oder Klitoris kraulen und streicheln, wenn das bei ihnen selbst vor allem mit Schuldgefühlen besetzt ist und mit der dringenden Sorge, bloß nicht erwischt zu werden.

Kleine Kinder befriedigen sich zuweilen völlig ungeniert, auch in öffentlichen Räumen. Da legt der dreijährige Sohn sich nach dem Schwimmen in der Sammelkabine breitbeinig auf die Bank und freut sich über den steifen Penis, die vierjährige Tochter sitzt beim Essen und streichelt ihre Klitoris vor den Augen aller Familienmitglieder.

Solche öffentlichen Situationen sind ein guter Anlass, ein Gespräch mit den Kindern zu führen. Nicht in der Umkleidekabine und auch nicht im Beisein Fremder. Sagen Sie Ihrem Kind, dass das lustvolle Streicheln eine schöne Sache ist, aber dass es seinen Platz in einem geschützten »Raum« hat. Dass es sich dafür ein ruhiges Plätzchen suchen kann, in der Badewanne oder im Bett. Vielen Eltern ist es selber peinlich, dabei zu sein, sie möchten beim Essen kein onanierendes Kind sitzen haben. Auch das ist ein Aspekt, der seine Berechtigung hat und den das Kind lernen muss zu akzeptieren. Aber natürlich geht es auch um den Schutz des Kindes, dass es nicht vor jedermanns Augen frank und frei seine Geschlechtsteile anfasst und möglicherweise andere einlädt, es ihm gleichzutun.

Auch wenn Selbstbefriedigung nach wie vor kein öffentliches Thema ist, stehen für immer mehr Menschen heute die positiven Folgen im Mittelpunkt. Eine Frauenärztin findet:

»Lustvoll lebende Menschen, die mit sich und ihrem Körper zufrieden sind, die sind auch freundlicher im Umgang. Eigentlich müsste man es geradezu fördern.«
(Dr. Ingeborg Raifferscheidt-Kreutzfeld, Leiterin der medizinischen Beratungsstelle im Gesundheitsamt Köln)[6]

Das ist sicher im übertragenen Sinne gemeint. Wenn man sie lässt, kommen Kinder selbst darauf, und auch das ist ein Teil ihrer Privatsphäre, dass sie selbst darauf kommen. Fördern hieße in dem Falle »machen lassen«.

Für die Entwicklung des Kindes ist es förderlich, dass es seinen eigenen Körper untersuchen und seinem Forscherdrang nachkommen kann und dass es Spaß dabei empfinden kann, sich selbst zu erregen. Wieso soll später irgendwann ein anderer Mensch die empfindlichsten, erregbarsten Stellen des Körpers berühren und erregen dürfen, nur man selbst nicht? Das würde einen selbst den eigenen Körper nur durch die Brille des anderen erfahren lassen, aber nicht durch die eigene.

Die Kindheit als Basis

»›Spiegelstufe‹ nannte Jacques Lacan die ersten persönlichkeitsbildenden 18 Lebensmonate. In dieser Phase umfängt sich das Ich als Liebesobjekt selbst – wenn die Mutter dies zulässt, wenn sie nicht nur sich selbst, sondern auch das Kind in ihrer Umarmung spiegelt. Nur dann wird es sich selbst lieben können. Und nur dann wird es auch liebesfähig sein.

So wird die frühkindliche Quadratur des Kreises, Anfang und Ziel der Sehnsucht. In jeder späteren Sehnsucht klingt immer auch der Nachhall dieser ersten Liebe mit.«[7]

Diese so poetisch formulierten Gedanken erinnern mich wieder an Freud. Vielleicht ist es auch so, dass viele Eltern seine Erkenntnisse gar nicht brauchen, wenn sie selber ihr Kind wahrnehmen, als Genießer oder Genießerin, und mit ihm in zärtlichem Kontakt sind.

Schwieriger wird es für manche Eltern, wenn im zweiten Lebensjahr die anale Phase losgeht. Manchmal habe ich das Gefühl, irgendwer hat so eine Art Wettbewerb unter Eltern ausgeschrieben, der da lautet: »Wessen Kind ist zuerst sauber?« Und das geht zum Beispiel so: Zuerst wird in der Krabbelgruppe ein Kind ausgeguckt, das nach Aussagen seiner Eltern schon sauber ist. Und spätestens ab da ist klar: Mein Kind muss auch sauber werden. Das wäre doch gelacht. Und schon wird bei jeder Regung des lieben Kleinen ein »Klöchen« aufgestellt und das Kind ermuntert: »Drück doch mal.« Manchmal, nach dem Essen vielleicht, sind solche Bemühungen sogar von Erfolg gekrönt. Der oder die Zweijährige ist unglaublich stolz ob der vollbrachten Leistung. Und was machen die Eltern? Das Kind wird kurz gelobt und »hast-du-nicht-gesehen« verschwindet das Produkt der ganzen Anstrengung auf Nimmerwiedersehen in der Toilette.

Eine Freundin erzählte, dass sie als Kind, wenn »nichts kam«, von ihrer Mutter mit einem kalten Waschlappen ins Gesicht geschlagen wurde. Das sollte wohl irgendwie anregend wirken. Es wirkte – wen wunderts? – aber nur ängstigend.

Hier möchte ich nur hervorheben: Der Stolz auf die neu erworbene Fähigkeit des Kindes, seinen Kot zurückzuhalten oder abzugeben, sollte nicht durch »Iiih-«, »Pfui-«, »Bäh«-Äußerungen der Eltern geschmälert werden. Das ist mitunter nicht einfach, wenn man selbst ganz anders erzogen wurde. Äußerungen wie »Du stinkst, geh weg« verunsichern das stolze Kind. Natürlich hat Kot nichts im Gesicht zu suchen und auch nicht auf dem Wohnzimmerteppich. Der Spaß am Spielen mit Dreck und der Stolz auf das »Häufchen« sind jedoch ganz normal. Bieten Sie Ihrem Kind Möglichkeiten an, dem Drang zum Matschen nachzukommen. Mit Schlamm, Sand und Wasser lässt es sich auch sehr gut spielen.

Ekel vor den Körperausscheidungen aber kann sich im Erwachsenenalter in einen Ekel vor der Vaginalflüssigkeit oder der Samenflüssigkeit fortsetzen und einen selbstverständlichen Umgang mit Sexualität sehr erschweren.

Machen Sie sich auch klar: Ein Wettbewerb, welches Kind zuerst »sauber« ist, schadet nur. Die Darmmuskeln sind im Durchschnitt erst ab dem dritten Lebensjahr von den Kleinen kontrollierbar. Bei der Blase dauert das Ganze noch länger. Ein Vorschulkind, das noch ab und zu ins Bett macht, ist nicht gleich krank und muss dafür vor allem nicht mit Vorwürfen bedacht werden.

Was baumelt da? – Was fehlt da? Doktorspiele

Die Spielzeugindustrie hat es lange erkannt: Kinder spielen sehr gerne Doktor. Arztkoffer jeder Preiskategorie und jedweder Ausstattung mit Reflexhammer, Fieberthermometer, Spritze und Skalpell gibt es fast an jedem besseren Kiosk. Aber auch Kinder, deren Eltern kein »Werkzeug« anschaffen, untersuchen und erkunden leidenschaftlich gerne die Geheimnisse des Körpers, des eigenen und des fremden. Nicht anders erging es heutigen Erwachsenen, die sich in ihrer Kindheit ohne Equipment auf Expedition begaben:

»Als ich sieben Jahre alt war, haben mein achtjähriger Halbbruder und ich uns voreinander ausgezogen. Wir haben uns gegenseitig gezeigt, wie unsere Körper aussehen. Wir haben uns angefasst und jeder hat dem anderen erklärt, was er wo hat. Das war superschön. Irgendwann ist meine Mutter reingekommen. Als sie uns gesehen hat, hat sie mir so fest auf den Po gehauen, dass der ganz rot war. Diesen Schmerz vergesse ich nie.«
(Shahin F., 37 Jahre alt, zwei Kinder)

»Meine Mutter hat uns ganz klar gesagt, wir sollten keine ›Schweinereien‹ machen, sprich, nicht miteinander Doktorspiele betreiben, was wir natürlich trotzdem gemacht haben. Ich kann mich gut daran erinnern, dass meine Brüder und ich sehr gerne zusammen in der Badewanne waren und dass wir uns gegenseitig abgeseift haben. Ich fand es unheimlich schön, wenn ich diese glatte, seifige Haut meines Brüderchens anfassen konnte. Es war klar, dass das nicht nur am gemütlich weichen Bauch war. Wir haben uns auch den Po eingeseift, und ich weiß auch, dass mich der kleine Penis meiner Brüder mit den Hoden fasziniert hat, weil ich fand die kleinen Bällchen in diesen Säckchen drin witzig. Ich hab immer gefragt, ob ich das mal fühlen darf.«
(Anne B., 42 Jahre alt, zwei Kinder)

»Mit sieben Jahren habe ich öfter mit meiner Freundin Lisa zusammen gebadet. Wir haben uns gegenseitig untersucht und Doktorspiele gemacht. Das war sehr schön, spaßig und laut. Als Lisas Mutter hereinkam, war sie sichtlich pikiert. Ich habe mich geschämt, weil sie so komisch reagiert hat.«
(Johannes W., 43 Jahre alt, zwei Kinder)

Die Erinnerungen an die Scham, an das Pikiertsein der Mutter, an die elterlichen Verbote und Schläge, an deren Unwissenheit über das, was die Tochter auf der Chaiselongue macht, und natürlich auch an die damals empfundene Lust können Eltern heute helfen, das Verhalten ihrer Kinder anders zu beurteilen. Fragen Sie sich also einfach: »Was hätte ich mir in solchen Situationen anders gewünscht?«, »Wie sehe ich die Sache heute?«, »Was möchte ich meinem Kind ermöglichen?« und »Worauf möchte ich es hinweisen?«.

»Mein Sohn hat im Alter von sieben oder acht Jahren mit seiner Freundin manchmal dreimal in der Woche gebadet. Ich habe sie einfach nur gelassen.«
(Johannes W., 43 Jahre alt, zwei Kinder)

»Ich achte heute vor allem darauf, dass die Kinder sich keine Gegenstände in den Körper schieben und darauf, dass nicht ein älteres Kind mit einem jüngeren Doktorspiele macht.«
(Shahin F., 37 Jahre alt, zwei Kinder)

Eine Mutter von zwei Kindern erzählt, was sich möglicherweise auch heute, trotz »lockerer Einstellung«, in manchen elterlichen Köpfen abspielt:

»Jan ist zu Besuch. Er ist drei Monate älter als meine Tochter Johanna, also gut viereinhalb. Die drei Kinder spielen im Garten, dann im Wohnzimmer und dann verziehen sie sich freiwillig immer mehr Richtung Kinderzimmer. Mir soll es recht sein. Längere Zeit höre ich nichts. Der zweijährige Fritz kommt ab und zu bei mir in der Küche vorbei. Die Geräusche aus dem Kinderzimmer nehmen langsam ab. Irgendwann geht die Kinderzimmertür von innen zu. Dann ist Ruhe. ›Ach ist das schön, dass die Kinder mal fünf Minuten ohne Geschrei spielen können …‹ Weitere fünf Minuten vergehen, immer noch kein Geräusch. Das ist selten. Irgendwie macht mich die Ruhe unruhig. Ich überlege, was sie wohl an-

stellen könnten. Ich stehe auf und gehe mal nachgucken. ›Du sollst nicht reinkommen‹, höre ich Johanna. Ich sehe gerade noch, wie meine Tochter und ihr Freund sich in Johannas Bett zu schaffen machen. Johanna liegt, Kleid hoch und Unterhose runter, auf dem Bett. Jan hat auch seine Hose ausgezogen und ›untersucht‹ meine Tochter. ›Was macht ihr?‹, frage ich etwas verunsichert, spürend, dass ich hier nicht erwünscht bin. ›Du sollst rausgehen‹, sagt Johanna und etwas verlegen: ›Wir spielen Doktor.‹

Während ich den Rückzug antrete, ermahne ich die Kinder noch: ›Aber nichts in die Scheide oder in den Po stecken.‹ Eigentlich halte ich mich ja für liberal und habe mir vorgenommen, ›ganz normal‹ mit Nacktheit und Körperlichkeit umzugehen. Ich weiß auch, dass man in der Sexualerziehung einige Fehler machen kann, das will ich natürlich auf keinen Fall. Unsere Kinder sollen so wenig verklemmt wie möglich aufwachsen. Aber irgendwie kann ich mich nicht dagegen wehren, dass ich das Untersuchen der Geschlechtsteile anders empfinde, als wenn sie jetzt mit Duplosteinen spielen würden. Und auch die Kinder empfinden, dass das etwas anderes ist, sonst würden sie ja nicht die Tür zumachen und sagen: ›Du sollst rausgehen.‹ Ich mache die Tür zu, weil ich mit dem Verstand weiß: Das ist ja ›normal‹, dass die sich gegenseitig untersuchen. Eine kleine Spezial-Aufpass-Antenne in meinem Hirn fahre ich trotzdem aus.

Gott sei Dank lockert der kleine Fritz die Szene durch sein Rein-und-raus-Rennen und Mitspielenwollen etwas auf. Als die ›Patientin‹ und der ›Arzt‹ in der Küche auftauchen, bin ich ehrlich gesagt wieder etwas entspannter.

Abends im Badezimmer erklärt Johanna mir beim Zähneputzen: ›Mama, ich möchte noch mal den Jan besuchen und mit ihm Penis und Scheide spielen. Weil: Mit dem Fritz geht das nicht so gut, der ist noch zu klein.‹ – ›Wieso ist der noch zu klein?‹, frage ich interessiert. ›Ja, da muss ich immer untersuchen, weil der kann das noch nicht richtig, der piekt immer so. Und ich möchte dann auch mal untersucht werden, aber da muss die Tür zu sein.‹ Klar ist das normal, aber auch irgendwie anders.«[8]

Konsequenzen

Wie können Eltern den kindlichen Bedürfnissen, Wünschen nach Lust, Zärtlichkeit, ihrem Forscherdrang begegnen?

Im ersten Lebensjahr, in der so genannten oralen Phase, ist es wichtig, dass Eltern dem Wunsch der Babys nach Zärtlichkeit, Nähe und Zuwendung nachkommen, dass sie in ein Wechselspiel eintreten mit ihrem Kind, in dem es die Chance hat, ein grundsätzliches Vertrauen zu entwickeln. Vertrauen baut ein Kind auf, wenn es lernt: Meine elementaren Bedürfnisse – und zu denen zählt die körperliche Zuwendung – werden befriedigt, ich muss nicht darum betteln und nicht hinterherlaufen. Wenn Eltern ihr Kind auch körperlich annehmen, erfährt es Bestätigung, dass es richtig ist und auch richtig in der Welt ist. Ein elementarer Baustein für die Ausbildung von Selbstvertrauen!

»Wer nicht geliebt wird, lernt nicht zu lieben. Er kann nicht einmal seinen eigenen Körper lieben.«
(Helmut Kentler, Pädagoge)[9]

Forschen und Fragen

Den nächsten wichtigen Entwicklungsabschnitt, in den die Kinder kommen, die *phallisch-genitale Phase*, setzt Freud vom 3. bis zum 5. Lebensjahr an. Der schon beschriebene Forscherdrang, was die Erkundung des eigenen und des anderen Körpers angeht, wird begleitet von ganz vielen Fragen, die die Kinder beschäftigen: »Mama, krieg ich auch einen Busen?«, »Wann hab ich Haare auf der Scheide?«, »Wann bin ich eine Mama?«, »Wieso ist der Pimmel so stramm?« »Wo war ich, bevor ich auf der Welt war?«.

Abgesehen davon, dass manche Frage die Eltern selbst in Verlegenheit bringt, wissen sie auf manche auch gar keine unmittelbare Antwort. Auch wenn's mal schwierig ist: Fragen der Kinder sind eine Chance, ins Gespräch zu kommen. Haben Sie dabei nicht den Anspruch, die Kinder komplett von A bis Z aufzuklären. Oft wollen sie wirklich nur eine kurze Antwort: »Das Baby kommt aus der Scheide raus …«, und dann reicht es ihnen auch erst mal und sie finden das Feuerwehrauto oder die Rutsche viel spannender. Scheuen Sie sich auch nicht zuzugeben, wenn Sie etwas nicht wissen oder wenn es Ihnen unangenehm ist, über etwas zu reden. Das Kind merkt es sowieso. Vielleicht kann man gemeinsam ein Buch zur Hand nehmen und nachgucken, wo die Babys herkommen. Die »Geschichte vom Samen und der Eizelle« ist dabei für einige 3- bis 5-Jährige noch gar nicht so gut verständlich. Auf manche wirkt sie beängstigend, auf andere völlig langweilig. Vertrauen Sie Ihrem Gefühl, zu spüren, wann es reicht für die Kleinen, und dass sie manches vielleicht lieber erst mal wieder vergessen. Versuchen Sie, die Erkundungen Ihrer Kinder am eigenen Körper und sexuelle Spielereien mit Gleichaltrigen zuzulassen. Nur durch eigenes Erforschen können sie auch etwas begreifen.

4. Kapitel
Töchter, Söhne, Mütter, Väter
Was hat das Geschlecht mit mir zu tun?

Junge oder Mädchen?

Männer und Frauen sind einfach verschieden: »Männer sind vom Mars. Frauen von der Venus«[1] oder »Warum Männer nicht zuhören und Frauen schlecht einparken«[2]. Bücher über solche und ähnliche Unterschiede zwischen Männern und Frauen in der populären und in der wissenschaftlichen Literatur gibt es haufenweise. Unzählige Autorinnen und Autoren haben sich aufgemacht, Licht in das Dunkel der Geschlechterfrage zu bringen. Da wird »geforscht«, ob Frauen die besseren Menschen sind[3], und aufgeklärt über die »Irrtümer über Männer und Frauen«[4].

Menschen machen sich seit jeher Gedanken, wie unterschiedlich die beiden Geschlechter sind, ob sie überhaupt nebeneinander existieren können oder ob man sie vielleicht doch besser auf unterschiedlichen Planeten ansiedeln sollte. Letzteres könnte man meinen, schaut man sich die Sprüchesammlung der französischen Schriftstellerin Benoite Groult an. Sie hat in ihrem Buch »Ein Tier mit langen Haaren« frauenfeindliche Sprüche aus allen Ländern und Epochen zusammengestellt.

Eine kleine Kostprobe:

»Der Mann ist ein Hirn, die Frau eine Gebärmutter.« (Jules Michelet)

»Denken ist für viele Frauen eher ein glücklicher Zufall als ein Dauerzustand.« (Daniel Stern)

»Schlag deine Frau jeden Morgen: Wenn du nicht weißt, warum, dann wird sie es wissen.« (Arabisches Sprichwort)

Umgekehrt gibt es auch abwertende Sprüche über Männer,

die allerdings vergleichsweise harmlos erscheinen: »Wieso sind Blondinenwitze immer so kurz? – Damit Männer keine Schwierigkeiten haben, sie zu verstehen.«

Schaut man sich diese Blüten – angesichts der Existenz von Männern und Frauen – an, so wird ganz schnell klar: Das Geschlecht hat für uns offensichtlich eine immense Bedeutung. Aber so weit müssen wir gar nicht gehen. Es reicht, sich über die eigene Geschichte Gedanken zu machen, um festzustellen, von welch enormer Bedeutung es zu sein scheint, ob ein Mensch eine Scheide oder einen Penis besitzt. Da kann der Rest des Körpers noch so ähnlich aussehen, geschaut wird auf den »kleinen Unterschied«.

Das Geschlecht bietet uns also eine wesentliche Orientierung für unser Sein in der Welt. So lautet die allererste Frage, wenn wir erfahren, dass eine Frau ein Kind erwartet: Wird es ein Junge oder ein Mädchen? Seit das vor der Geburt feststellbar ist, wollen es viele Eltern wissen, schon während ihr Baby noch unschuldig im mütterlichen Fruchtwasser schwimmt.

Die Frage nach unserem Standort in der Welt führt uns auf ein Fadenkreuz, an dem wir uns orientieren: Auf der einen Achse geht es um die Generationen. Hier liegen die Pole: »Was war vor mir?« und »Was kommt nach mir?«. Auf der anderen geht es um Geschlechtszugehörigkeit: Hier liegen die Pole: Männlich – Weiblich.

Ganz nüchtern betrachtet, ist die ganze Aufregung um das Geschlecht eines Kindes überhaupt nicht zu verstehen. Was kümmern sich die Menschen eigentlich um diesen »kleinen Unterschied«, würde sich vielleicht ein Marsbewohner fragen. Des Rätsels Lösung finden wir in den Köpfen der Erwachsenen: Väter wähnen sich schon mit ihren ungeborenen Söhnen auf dem Fußballplatz, mit der Tochter stolzieren sie erhobenen Hauptes ins Rockkonzert oder in die Oper. Mütter freuen sich auf einen kleinen Helden, der sie mit Liebe überschüttet. Sie sitzen vor ihrem geistigen Auge schon in der ersten Reihe, während die Tochter Star der städtischen Ballettaufführung ist.

Ängste, Wünsche und Hoffnungen, bewusste und unbewusste, werden bereits auf die ungeborenen Kinder projiziert. So wollen Mütter ihren Töchtern all den Mut und das Selbstbewusstsein geben, das sie ihrerseits von den eigenen Eltern nicht mitbekommen haben. Söhne könnten vielleicht den Platz des idealen Mannes im Haus einnehmen, den sie von ihrem Partner vergeblich erwarten. Väter wünschen, ihre Töchter würden endlich das Bild der Traumfrau erfüllen, und ihre Söhne würden die ungelebten Sehnsüchte wahr machen, die Welt zu verbessern oder den Mount Everest zu besteigen.

Ist der neue Erdenbürger erst auf der Welt, wird aktiv auf das Kind eingewirkt, und zwar je nach Geschlecht verschieden. Von Geburt an werden Jungen und Mädchen unterschiedlich lange gestillt, unterschiedlich lange wird mit ihnen geredet, sie werden unterschiedlich lange auf dem Arm gehalten, bekommen unterschiedliches Spielzeug, es wird unterschiedlich mit ihnen geschmust usw. So wurde beobachtet, dass Mütter beim Spielen mit ihren Söhnen im ersten und zweiten Lebensjahr den Ball weiter wegrollen als bei ihren Töchtern. Wie lässt sich das interpretieren? Gehen diese Mütter davon aus, dass ihre Söhne später mehr Unternehmungsgeist benötigen und die Töchter enger auf Häuslichkeit gedrillt werden müssen? Oder liegt es daran, dass Jungs von ihrer biologischen Disposition her dazu neigen, weiter davonzukrabbeln als die Mädchen?[5] Kleine Mädchen wiederum müssen früher sauber sein als kleine Jungen. Sie werden früher, strenger und rigider zu Reinlichkeit und Ordnung erzogen. Dies geschieht entsprechend der bewussten oder unbewussten Einstellung der Mütter und wahrscheinlich auch der Väter, dass »Männer durchsetzungsfähiger sind, mehr Freiheiten brauchen, öfters auch einmal über die Stränge schlagen dürfen«. Die Konsequenz: Kleine Mädchen erleben ihre Mütter als »kontrollierender und eindringender« als Jungen. Väter beschreiben Jungs darüber hinaus als kräftig und Mädchen gleichen Gewichts als zart. Sie kümmern sich mehr um ihre Söhne als um ihre Töchter, das heißt, sie sprechen mehr mit ihnen, schauen sie häufiger an und verbringen – wenngleich auch insgesamt wenig – aber doch mehr Zeit mit den »Thronfolgern« als mit den »Thronfolgerinnen«.[6]

Was daran deutlich wird: Spätestens ab der Geburt vollzieht sich die geschlechtsspezifische Entwicklung. Und zwar durch die elterliche Geschlechtszuweisung und durch die eigene sinnliche Erfahrung der Genitalien.[7]

Kinder sind offen

Während die Eltern heftig projizieren, spekulieren und manipulieren, ist dem Sprössling das eigene Geschlecht noch ein Labyrinth mit vielen Wegen und Möglichkeiten.

Ein Geschwisterdialog:
Tom: »Ich bin eine Frau.«
Mara: »Nein, du hast doch einen Pimmel.«
Tom: »Den kann man ja abmachen.«
Mara: »Dann hast du aber keine Scheide.«
Tom: »Doch, dann hab ich eine Scheide.«

Für Tom ist die Lösung des Problems ganz einfach: Noch lebt er in einem Land der unbegrenzten Möglichkeiten: Der Mensch durchläuft mehrere Entwicklungsstadien, im ersten Stadium hat er einen Penis und im nächsten Stadium eine Scheide. So fragt er seine Mutter bei nächster Gelegenheit voller Ungeduld: »Mama, wann krieg ich eine Scheide? Wann bin ich ein Mädchen?«[8]

Genauso unbeirrt möchte Tom Kleider anziehen. Wie seine Schwester Mara eben. Und zwar nicht irgendwelche Kleider. Nein, Kleider, deren Röcke flattern und sich drehen. Auch Haarspangen und Lippenstifte erheischen seine Aufmerksamkeit, und er hat nichts dagegen, in diesem kompletten Aufzug am Samstag mit den Eltern auf den Markt zu gehen.

Sein Vater aber: »So nehme ich dich nicht mit.« – Auch eine Freundin der Eltern macht den multisexuellen Dreikäsehoch darauf aufmerksam, dass er doch so schöne Hosen im Schrank habe.

Schmerzlicher Abschied

Im Alter von zwei bis drei Jahren müssen sich Jungs schmerzlich davon verabschieden, ein Mädchen zu sein. Und den jungen Damen geht es umgekehrt nicht anders.

»Noch bevor ich weiß, dass ich ein Mädchen bin, beginnt die Entwicklung meines Selbstverständnisses, das von den Weiblichkeitskonzepten meiner Bezugspersonen (auch der Geschwister!), ihrer Wahrnehmung, ihren Beziehungsformen, Aktivitäts- und Entwicklungsreizen und -behinderungen gegenüber mir als Mädchen inhaltlich bestimmt ist.«[9] Noch weiß das Mädchen wenig von sich als Mädchen in der sozialen Welt. Sein Spielverhalten, seine Interessen, sein Gesichtsausdruck sind erst langsam dabei, typisch »mädchenhaft« zu werden. »Aber ich werde dazu gebracht, mir auf eine mehr oder weniger ›weibliche‹ Weise meinen Körper und meine Umwelt anzueignen; mit zwei Jahren ziehe ich wahrscheinlich Mädchenspielzeuge vor, mit zweieinhalb verhalte ich mich im Spiel schon ziemlich ›mädchenhaft‹. Ich muss es nur noch merken … meine Erfahrungen entsprechend organisieren und systematisieren. Mit drei bis vier Jahren weiß ich sicher, dass ich ein Mädchen bin …«[10]

Die Eltern haben einen großen Einfluss

Eltern haben einen großen Einfluss auf die Entwicklung der Geschlechtsidentität des Kindes, deren Ausbildung eine Mischung aus Anlage und Umwelt ist. Neben den festgelegten Anlagen spielt die Interaktion zwischen Eltern und Kindern eine große

Rolle für das Selbstverständnis und das Selbstvertrauen des Kindes.

Spätestens hier holt die Eltern ihre eigene Geschichte wieder ein:

»Jeder Elternteil sieht im Kind des gleichen Geschlechts einen möglichen Wiederanfang. Er stellt sich bereits die Zukunft dieses Kindes vor, aus der eigenen Vergangenheit heraus, und baut, ja schließt es ein in einen ›Identifikationsentwurf‹, auf den das Kind mehr oder weniger eingeht, je nachdem, wie sehr der Elternteil darauf besteht. – Jeder der Eltern sieht im Kind des gegenteiligen Geschlechts denjenigen, der ›anders‹ ist und der etwas hat, was er selbst ›nicht hat‹, was ihm aber, da von ihm abstammend, ein bisschen ›gehört‹. Das Kind vom gegenteiligen Geschlecht ›bereichert‹ diesen Elternteil, der sich seinerseits vervollständigt empfindet und der dem Kind die unbewusste, ödipale[11] Botschaft vermittelt: ›Es ist gut, dass du bist, was du bist.‹ Eine wohltuende Botschaft für die sexuelle Identität des Kindes, das es als angenehm empfindet, das zu sein, was es ist.« (Christiane Olivier)[12]

Der Einfluss der Mutter auf die Tochter

Das Mädchen spürt, ob die Mutter mit sich und ihrer Rolle als Frau einigermaßen im Einklang steht oder ob sie für sich selbst das Gefühl hat, als Frau minderwertig zu sein. Dann sendet sie entsprechende Signale: »Zieh dich schön an und sei brav«, »Hämmern und Werken ist Männersache«, »Ich muss mal wieder abnehmen« bis »Ein Mädchen fasst sich nicht an die Genitalien« können Aussprüche mangelnden Selbstwertgefühls sein. Ihr Verhalten sich selbst, Männern und den Kindern gegenüber spricht noch einmal auf einer anderen Ebene eine ganz deutliche Sprache (siehe auch Kapitel 6).

Ganz subtil vollzieht sich oft die Vermittlung der Geschlechtsrolle im Alltag:

»*Bei uns zu Hause war eine große Konkurrenz beim Essen. Mein Bruder bekam immer den Blaubeerpfannkuchen mit den meisten Blaubeeren und das dickste Stück Fleisch. Das Argument war: Er müsse am kräftigsten sein. Ich habe nie verstanden, warum es nicht möglich war, alle Pfannkuchen so ungefähr gleich zu backen. Eins war uns aber klar: Der Junge ist mehr wert. Ich habe mir geschworen: Bei meinen Kindern wird es diese Unterscheidung nicht geben.*«
(*Sabine S., 42 Jahre alt, zwei Kinder*)

»*Ich war sauer, wenn meine Mutter zu mir sagte: ›Du bist ein Mädchen.‹ Ich wollte immer ein Junge sein. Mädchen sein bedeutete, man musste mehr auf sich aufpassen. Warum, wusste ich nicht. Die Jungs durften abends, wenn es dunkel war, länger draußen bleiben. Und als meine Mutter meinen Bruder und mich erwischt hat, wie wir uns gegenseitig unseren Körper erklärten, hat sie nur mich geschlagen. Mit dem Satz ›Du bist ein Mädchen‹. Da war ich sieben und er acht.*«
(*Shahin F., 37 Jahre alt, zwei Kinder*)

Aus solchen Erfahrungen zieht das Mädchen bewusst und vor allem unbewusst Schlüsse für ihr eigenes Dasein als weiblicher Mensch, wie auch mehrere neuere Studien belegen. Beispielsweise haben weibliche Jugendliche ein negativeres Körperbild als ihre männlichen Altersgenossen. Und so sind bereits 7- bis 8-jährige Mädchen mit ihrer körperlichen Erscheinung generell unzufriedener als gleichaltrige Jungs.[14]

Mädchen aus muslimischen Familien unterliegen spätestens mit Eintritt in die Pubertät häufig einer verstärkten Kontrolle durch Elternhaus und Familie. Das unterstützt ihre nicht unbedingt positive Haltung ihrem Geschlecht gegenüber. So antworten immerhin 24 Prozent der ausländischen Mädchen auf die Frage »Wenn du es dir aussuchen könntest, wärst du dann lieber ein Junge?« mit »Ja«, wohingegen nur 15 Prozent der deutschen Mädchen des 3. bis 6. Schuljahres diesen Wunsch haben.[15]

Die Unzufriedenheit über das eigene Körperbild und die Geschlechtszugehörigkeit hat eine immense Bedeutung, denn das Gefühl zum eigenen Körper und damit auch zum Geschlecht beeinflusst das Selbstwertgefühl eines Menschen in hohem Maße. Und dieses bestimmt wiederum vorrangig die Fähigkeit, zufrieden in der Welt zu stehen, schwierige Situationen zu meistern, mit anderen partnerschaftlich umgehen zu können und sich selber zu mögen. Das heißt, wenn Mütter für ihre Töchter etwas tun wollen, sollten sie sich bewusst mit ihrer Haltung zu ihrem eigenen Körper und ihrem eigenen Geschlecht auseinander setzen. Mütter, die sich selber akzeptieren können, übertragen dieses Gefühl auch leichter auf ihre Töchter. Töchtern wiederum hilft es, wenn sie auch von ihren Müttern in ihrer Weiblichkeit angenommen werden. Gleichzeitig hilft ihnen die Freiheit, sich andere weibliche Vorbilder neben der eigenen Mutter anschauen zu dürfen, was die Mutter entlastet und die Tochter bereichern kann.

Der Einfluss der Mutter auf den Sohn

Warum kennt ein Indianer keinen Schmerz?

»Bestimmt liest du auch gerne die Geschichten von der Eroberung Amerikas, als die großen Büffelherden noch über die Prärie zogen und die weißen Trapper auf der Jagd nach Gold und Fellen waren. Vor den Indianern hatten sie Angst, denn die waren mutige Krieger, die ihr Land verteidigten. Manchmal bekämpften sich die einzelnen Indianerstämme auch untereinander. Die Gefangenen kamen dann an einen Marterpfahl und wurden mit Messern, Pfeilen und Feuer gequält. Doch die stolzen Apachen oder Sioux taten dem Gegner keinen Gefallen und ließen sich deshalb die Qual nicht anmerken. ›Ein Indianer kennt keinen Schmerz‹, hat dein Vater deshalb vielleicht einmal scherzend zu dir gesagt, als du wegen einer blutenden Schramme weinend zu ihm gelaufen bist.

So stimmt das aber leider nicht. Indianer spüren genauso wie du und ich, wenn ihnen etwas wehtut. Auch wenn sie anders aussehen als z.B. ein weißer Amerikaner oder ein Afrikaner. Sie können lediglich lernen, ihren Schmerz zu unterdrücken – so wie ein indischer Fakir, der auf einem Nagelbett sitzen kann. Du darfst dich von Äußerlichkeiten also nicht täuschen lassen: Wir Menschen sind alle ziemlich gleich, auch wenn wir noch so unterschiedlich aussehen.«[16]

Ich habe vor allem Mütter diesen Spruch vom Indianer, der keinen Schmerz kennt, sagen hören. Aber egal ob Vater oder Mutter – sie müssten doch eigentlich wissen, dass das gar nicht stimmt. Warum vermitteln sie ihrem Sohn dieses Bild dennoch? Er soll ihre Illusion vom tapferen Krieger, vom unerschrockenen Helden erfüllen – also mit drei, vier oder fünf Jahren keine Gefühle haben, sie zumindest nicht zeigen. Und später wundert sich dann alle Welt, warum Männer eigentlich nicht über ihre

Gefühle sprechen können … Sie haben es eben nicht anders gelernt. Weder vom Vater noch von der Mutter.

Aber noch sind wir bei den Müttern. Jungen empfangen von
ihrer Mutter und anderen weiblichen Bezugspersonen Signale,
wie sie zu sein haben. Sei es, dass sie ihr »Hänschen klein« nicht
in die weite Welt schicken wollen oder dass sie aus den Jungen
Helden machen wollen.

*»Im Kindergarten war ich immer total neidisch auf die Mädchen,
weil sie mit den Erzieherinnen so geschmust haben. Irgendwann
bin ich auch mal zu der Tante Inge gegangen und habe sie
umarmt. Irgendwie muss sie sich erschrocken haben. Sie stieß mich
weg und sagte: ›Jungen machen so etwas nicht.‹ Das waren Erlebnisse, die sich in mir genauso tief eingeprägt haben wie eine unbe-
rechtigte Tracht Prügel.«*
(Norbert K., 43 Jahre alt, ein Sohn)

Was wollte das damals fünfjährige Kindergartenkind? Sich einmal ausruhen vom Bäumeausreißen und Mädchenfangen? Leider ist es an eine Erzieherin geraten, die vielleicht Angst vor kleinen und großen Männern hat und die deshalb mehr auf Helden
abfährt, die ihr nicht auf dem Schoß herumhängen und an ihrem Busen saugen wollen. Sondern die in sicherer Entfernung
Gegner aus dem Feld schlagen.

Schnack und Neutzling machen darauf aufmerksam, dass die
meisten Jungs eine »Doppelexistenz« führen: Draußen in der
Welt sollen sie sich durchboxen und den Helden spielen und zu
Hause das Kuschelhäschen, Mamas Liebling. Was natürlich zu
den entsprechenden Konflikten führt, denn in der Jungs-Clique
darf über die Existenz als Mamasöhnchen zu Hause natürlich
nichts rauskommen und Mama wiederum darf nichts über die
außerhäuslichen Regeln der Jungenwelt erfahren.[17]

Während Mädchen vor allem wie Barbie schöner, schlanker,
puppenhafter aussehen wollen, haben Jungen heute immer noch

Arnold Schwarzenegger im Visier, wenn sie an eine Verbesserung ihres Äußeren denken.

Für Jungen wie Mädchen gilt, dass sie sich an den von Erwachsenen vermittelten Schönheitsidealen messen. Schon 9- bis 10-jährige Mädchen, selbst wenn sie zart gebaut sind, wollen vor allem dünner sein, 42 Prozent wären auch gerne größer. 47 Prozent der deutschen Jungen und 70 Prozent der ausländischen Jungen wären gerne stärker, als es ihre Konstitution bislang hergibt.[18]

Die Rolle des Vaters

Welche Rolle spielen die Väter in der Entwicklung der Geschlechtsidentität ihrer Kinder?

»Männer können mit kleinen Kindern in der Regel nichts anfangen«, so lautete früher eines von vielen Klischees diesbezüglich. »Wie sollen sie auch?«, könnte man fragen, »wenn sie nicht gelassen werden und sich selber nicht um diese Aufgabe drängeln?«

Dabei hat der Vater – im positiven Sinne – die Aufgabe, »eine Art Keil« zwischen Mutter und Kind zu treiben. Und zwar möglichst von Anfang an. Der Vater kann dem Kind helfen, wenn es etwa wütend oder enttäuscht ist von der Mutter, wenn es Angst hat, die Liebe der Mutter zu verlieren. Er kann einen Zufluchtsort anbieten und das schon von Geburt an, etwa wenn die Mutter erschöpft ist vom lautstarken Gebrüll des zahnenden Babys. Gleichzeitig kann der Vater dem Kind vorleben, dass es möglich ist, sich gefahrlos von der Mutter zu entfernen.[19] Er hat also einen großen Einfluss auf das Verhältnis zwischen Mutter und Kind, wenn er ihn nutzt. Der Vater kann also viel mehr, als man so landläufig denkt. Und »er kann auch seinem Kind vom ersten Tag an selber Lust, Wärme und Befriedigung geben, nicht in Konkurrenz zur Mutter, sondern zu ihrer Entlastung und Ergänzung und vor allem: zum eigenen Vergnügen. Schon sehr früh kann ein Säugling zwischen Vater und Mutter unterscheiden.

Zum Lächeln für die Mutter kommt schnell ein Lächeln, das nur für den Vater da ist«[20].

Die Rolle des Vaters für den Sohn

Wie anders fühlt sich das stoppelige Kinn des Vaters als die weiche Wange der Mutter an? Zwei ganz unterschiedliche Seiten der Welt:

»Ich bin morgens oft gerne in das Bett meiner Eltern gegangen. Erst zu meiner Mutter. Wenn die aufstand, habe ich in ihrem warmen Bett neben meinem Vater gelegen. Ich habe meine Eltern gerne angefasst. Bei meinem Vater habe ich so gerne seine Bartstoppeln gespürt.«
(Matthias R., 43 Jahre alt, zwei Kinder)

Wie die Mutter für die Tochter ist der Vater für den Sohn die erste gleichgeschlechtliche Person, an der er gucken kann: Wie kann das sein als Mann? Wie kann ich werden? Mit ihm kann er sich identifizieren. Ob der Vater dem Sohn zeigt, wie er sich unter der Vorhaut wäscht oder wie man im Stehen pinkelt: Es gibt spezielle männliche Möglichkeiten, die ein Sohn am besten vom Vater lernt.

Die Rolle des Vaters für die Tochter

An das Kuscheln mit dem Vater können sich manche heutige Eltern gut erinnern. Er hatte oft eine Sonderrolle, die Mutter war für den »alltäglichen Wahnsinn« zuständig, der Vater kam abends vergleichsweise erholt von der Arbeit und konnte die Schokoladenseiten der Kinder genießen.

»Mein Vater hat uns viel in den Arm genommen und angefasst. Er hat uns gebadet und gewaschen und ich fand das immer ganz toll. Er hatte so 'ne zupackende Art. Wir saßen alle in der Badewanne,

und er hatte so'n alten Waschlappen und hat uns dann richtig mit Seife abgerubbelt. Das haben wir total genossen … Meine Mutter war uns Kindern gegenüber nicht so zärtlich und körperbetont. Der Hauptausdruck ihrer Zuwendung waren Schläge.«
(Martha A., 40 Jahre alt, zwei Kinder)

Erinnerungen an den »fehlenden« Vater hinterlassen oft die Sehnsucht nach mehr Vater. Und »mehr Vater« bedeutet für Mädchen neben der Sehnsucht nach der realen Person auch die Sehnsucht danach, Möglichkeiten auszuprobieren: »Wie ist das als Mädchen oder als Frau einem männlichen Wesen gegenüber?« – »Wie kann ich mich da verhalten?« – »Wie wirke ich?« Mädchen hätten hier gute Möglichkeiten zum »Probehandeln« in einer geschützten Atmosphäre. Viele Väter haben Angst davor, Angst vor zweideutigen Situationen, weil sie wissen, wie verführerisch die Tochter auf sie wirken kann. Sie ziehen sich häufig zurück, spätestens in der Pubertät der Tochter.

Väter, denen bewusst ist, dass es hier lediglich um ein Ausprobieren der Töchter geht, können dieses Wissen vielleicht als Hilfe annehmen. Wenn sie ihre eigene Grenze kennen und sich klar machen, dass die Tochter keine reale Verführung im Sinn hat, können sie ihr durchaus Komplimente über ihr Äußeres machen oder sich mit ihr über Themen wie Liebe oder Verhütung unterhalten. Was sich vermittelt, ist die eigene Haltung.

»Gerade in der Pubertät hat mir das sehr zu schaffen gemacht, dass ich zu meinem Vater ein weniger warmherziges Verhältnis hatte. Ich glaube nicht, dass ich ihn unbedingt körperlich mehr gebraucht hätte, aber ich hätte mehr Anerkennung als Mädchen gebraucht. Ich hätte gern gehabt, wenn er gesagt hätte, dass ich Dinge gut mache oder dass ich gut aussehe oder so was. Das hätte ich mir gewünscht.«
(Hilde B., 42 Jahre alt, eine Tochter, ein Sohn)

Wer ist eigentlich Herr Ödipus?

Um die Rolle von Vater und Mutter für die Geschlechtsidentität des Kindes zu verstehen, ist es hilfreich, sich den so genannten Ödipuskomplex anzuschauen. Definiert wird dieser Begriff als die »organisierte Gesamtheit von liebes- und feindseligen Wünschen, die das Kind seinen Eltern gegenüber empfindet«. Sigmund Freud prägte den Ausdruck Anfang des 20. Jahrhunderts.[21] Viele seiner Nachfolger haben ihn modifiziert und verändert, manche haben ihn scharf kritisiert. Tatsache ist, dass er sich bis heute gehalten hat und auch in den nichtwissenschaftlichen Sprachgebrauch eingegangen ist.

Ödipus entstammt der griechischen Sage. Er war der Sohn von Laios, dem König Thebens. Das Orakel von Delphi hatte dem König geweissagt, dass er von seinem eigenen Sohn ermordet würde. So wird der Junge direkt nach seiner Geburt mit durchbohrten Knöcheln ausgesetzt. Daher der Name: Ödipus heißt Schwellfuß.

Korinthische Hirten finden jedoch das Kind und bringen ihn an den Hof ihrer Heimatstadt.

Im Jugendalter erfährt Ödipus von der Zweifelhaftigkeit seiner Herkunft und will das Orakel befragen. Dort erfährt er, dass er seinen Vater ermorden und seine Mutter heiraten wird. Auf dem Weg zurück nach Theben begegnet ihm prompt das Gespann von Laios. Es kommt zum Streit, und der Sohn tötet den Vater, ohne zu wissen, dass es sein Vater ist. Auch der zweite Teil der Prophezeiung erfüllt sich umgehend. Vor Theben löst Ödipus das Rätsel der Sphinx, befreit so die Stadt und erhält Herrschaft und Hand der nun verwitweten Königin, seiner Mutter Jokaste.

Doch wer tötet und gegen das Inzestverbot verstößt, bleibt bei den Alten Griechen nicht unbestraft. Nach der Geburt von vier Kindern und einer glücklichen Ehe überfällt eine Seuche das Land. Nun wird wieder das Orakel befragt, und es fordert:

Bestraft den Mörder von Laios. Ödipus klärt nun selber alles auf. Daraufhin nimmt Jokaste sich das Leben. Er selbst beraubt sich des Augenlichts und wird von seinen Söhnen aus dem Land gewiesen.

Freud fand ebendiese Geschichte ziemlich spannend und benutzte sie als Bild für eine Entwicklung, die viele Eltern an ihren Kindern bemerken: So ungefähr in der phallischen Phase, d.h. im Alter von 3 bis 5 Jahren, machen sich Jungen Gedanken, ihre Mutter zu heiraten, und Mädchen wollen den Vater ehelichen. Der oder die Konkurrent(in) muss dann natürlich »weg« sein.

Jetzt sind die Eltern gefragt: Ziel ihrer Erziehung kann nur zweierlei sein. Bedenken sie, dass die Mutter für Jungen die erste Frau, die erste gegengeschlechtliche Person im Leben des Kindes ist und der Vater das erste männliche Vorbild, so können sie verstehen, dass das Kind Folgendes unbewusst an ihnen ausprobiert: »Wie geht das überhaupt mit dem Lieben, Werben und Heiraten?«

Der kleine Martin, mit einem Buch über die Herkunft von Jungen und Mädchen informiert, erklärt eine Woche später seiner Mutter stolz seinen Lernerfolg: »*Mama, wenn ich groß bin, steck ich meinen Penis in deine Scheide und* ›*plöp*‹, *hab ich ein Baby im Bauch.*« *Ihr Einwand, dass er sich dann eine Freundin suchen würde, irritiert ihn nicht besonders.* »*Ich möchte ein Brüderchen*«, *fährt er fort.*[22]

Martin liebt seine Mutter und natürlich hat er sie als erste Frau im Kopf, wenn er darüber nachdenkt, wie das mit den Babys geht. Und kleinen Mädchen ergeht es umgekehrt in Bezug auf den Vater nicht anders.

Einerseits ist es die Aufgabe, den Kindern diese Chance gedanklich zu geben, sie zu bestärken in ihrer Suche nach Geschlechtsidentität, ihnen die Verhältnisse zu erklären.

Andererseits ist es selbstverständlich Aufgabe der Eltern, eine Tragödie griechischen Ausmaßes zu verhindern. Werden Sohn oder Tochter von einem der Eltern als Partnerersatz missbraucht, im engeren sexuellen Sinne oder als Gegenüber bei Problemen aller Art, nimmt die Tragödie ihren Lauf und zwar immer und zuallererst zu Ungunsten des Kindes. Denn es gehört zur Kindheit, Verständnis Erwachsener erwarten zu können, aber es darf umgekehrt nicht Aufgabe der Kinder sein, für die Eltern die Funktion einer Freundin, eines Partners oder gar eines sorgenden Elternteils übernehmen zu müssen.

Eltern sollten ihre Kinder ernst nehmen in ihren Wünschen und sie nicht wegstoßen oder auslachen, wenn sie mit »Liebesanträgen« oder »Vernichtungsfantasien« zu ihnen kommen. Die Kinder wollen lediglich etwas ausprobieren. Auf der anderen Seite müssen sie ganz klar erfahren: Der Platz des Partners oder der Partnerin, der Mutter oder des Vaters ist besetzt oder steht dem Kind nicht zur Verfügung. Stattdessen gibt es in der Familie einen anderen Platz: den des Sohnes oder der Tochter. Mögliche reale Partner gibt es für das Kind unter Gleichaltrigen, außerhalb der Familie.

»Diese Konfrontation mit der Realität kann für das Kind hart sein, sie unterstützt jedoch die Identifikation mit dem gleichgeschlechtlichen Elternteil und ermöglicht es dem Kind, Sicherheit in der eigenen Geschlechtsrolle als Mädchen oder Junge gewinnen zu können.«[23]

Ein Junge, der Angst hat, wenn seine Eltern sich streiten, weil seine Mutter dann immer zu ihm ins Bett kommt, empfindet ganz richtig: Er hat die ödipale Phase überwunden, und weiß: Dies ist nicht ihr Platz.

Ziel: Geschlechtssicherheit

In der Radioserie »Herzfunk« für den WDR sammeln wir Fragen von Kindern zum Thema Liebe, Körper und Gefühl. Fragen nach den Unterschieden zwischen den Geschlechtern werden sehr häufig gestellt: Warum gibt es Jungen und Mädchen? Warum spielen Jungen und Mädchen so selten miteinander? Wie empfinden Jungs das Verliebtsein im Vergleich zu Mädchen? Woran erkenne ich Jungs und Mädchen, wenn sie angezogen sind? Kinder wollen wissen: Wie verhält man sich als Junge? Wie als Mädchen? Und weil viele der Verhaltensweisen erst im Laufe der Jahre erlernt werden müssen, gibt es zur Sicherheit männliche und weibliche Attribute, wie den coolen Gang eines Fernsehhelden oder ein paar Haarspangen.

»Vier- bis Fünfjährige haben einen großen Bedarf an Geschlechtssicherheit und was am meisten Geschlechtssicherheit liefert, sind Klischees: bei Mädchen z.B. der Wunsch, Prinzessinnen zu sein oder Schleifen im Haar zu tragen. In der Pubertät wirken Mädchen oft wie Karikaturen ihrer weiblichen Idole. Jungs haben dagegen lässig eine ›Fluppe‹ im Mundwinkel. Man muss sich finden. Und das tut man zuerst in Klischees. Die individuelle Ausprägung braucht später dann mehr Zeit. Da sollte man viel Verständnis haben als Eltern und sich nicht drüber lustig machen, wenn die Mädels und Jungs so herumlaufen.«
(Rainer Neutzling, Soziologe und Autor)

Vielleicht hat der zweijährige Tom Recht mit seiner Vorstellung, dass er verschiedene Stadien durchläuft: »Zunächst habe ich einen Penis, im nächsten Stadium werde ich eine Scheide haben.« Nehmen wir die Vorstellung vom »Penis und Scheide haben« als Symbole für männlich und weiblich. Und gehen wir davon aus, dass es sich hier auch um Zuschreibungen handelt, wenn wir sagen, Männlichkeit ist stark sein, keinen Schmerz kennen, eindringend usw. und Weiblichkeit ist einfühlsam, verletzlich, aufnehmend. So können wir behaupten, dass jeder Mensch körperlich zwar eindeutig einem Geschlecht zugehört, seelisch aber durchaus männliche *und* weibliche Anteile in sich trägt. Ein wünschenswertes Ziel für ein erfülltes (Sexual-)Leben wäre es dann, als erwachsener Mensch seine männlichen und weiblichen Anteile zu integrieren und die geschlechtsbezogenen Klischees hinter sich zu lassen. Dabei können Eltern sie auf verschiedene Weise unterstützen, indem sie

- sich mit ihrem eigenen Verhalten, den »geheimen Botschaften«, die sie an die Kinder »senden«, auseinander setzen,
- überprüfen, ob sie vielleicht nonverbal, durch zu große Ängstlichkeit oder Fürsorglichkeit dem Hänschen vermitteln, die Mama nicht zu verlassen, oder der Hannah antragen, ein »braves Mädchen« zu werden,
- im Alltag vorleben, dass die Rolle, die jeder einnimmt, nicht statisch ist, sondern dass jeder Elternteil auch im Wechsel für bestimmte Aufgaben zuständig ist: Kochen, Putzen, Waschen, Geldverdienen, Kinderversorgen usw.,
- Kinderfreundschaften ermöglichen und fördern. Denn das ist wichtig, um aus der Ödipus-Situation herauszukommen und um selbstständig und unabhängig von den Eltern zu werden,
- die Kinder frühzeitig genug und dem Alter gemäß aufklären (siehe Kapitel 8).

5. Kapitel

Ficken sagt man nicht

Über Sexualität reden

Lange Pausen und rote Ohren

»*Ich war drei Jahre alt. Meine Tante war anlässlich der Taufe meines Bruders in unserer Wohnung und hielt das Bündel im Arm. Ich fragte, woher man wisse, welchen Namen das Kind bekommen sollte, also in diesem Fall einen Jungennamen. Meine Tante hat mich nur ganz groß angesehen – ihre erstaunten Augen sehe ich heute noch vor mir – und sie hat nichts gesagt. Hätte sie mir eine noch so einfache Erklärung gegeben, zum Beispiel: ›Man sieht das an der blauen oder rosa Schleife‹, ich wäre zufrieden gewesen, vermute ich, und hätte die ganze Angelegenheit vergessen. Weil ich ohne Antwort blieb, ist mir diese Szene trotz meiner Jugend unvergesslich geblieben. Und das als erstes Ereignis in meinem Leben, an das ich mich erinnere. Vielleicht typisch.*«
(Götz K., 78 Jahre alt)

Wie tabu muss das Geschlecht eines Menschen damals vor 75 Jahren für die Tante gewesen sein, dass ihr die naive Frage des 3-jährigen Götz die Sprache verschlagen hat und die Welt der Körper und Geschlechter sie sprachlos machte, sie mit hoher Wahrscheinlichkeit also gar keine Sprache hatte, um den »kleinen Unterschied« zu bezeichnen.

Und wie sehr haben sich diese Sprachlosigkeit und die großen Augen mehr als alle Worte in das Gedächtnis des Neffen eingeprägt? Bis zu diesem Zeitpunkt hatte er noch das Gefühl, das Normalste von der Welt zu fragen. Jetzt offenbarte sich ihm auf nonverbale Weise, dass er etwas Gewaltiges, etwas Unaussprechliches fragte. Das musste es ja sein, wenn selbst die Tante dafür keine Worte hatte. Was war so mächtig, dass es sie, die Erwachsene, aus der Fassung bringen konnte? Seiner Frage allein konnte er das nicht entnehmen. So spekulierte, fantasierte er unsicher und angstvoll vor dem Unbenannten. Eines aber war ihm klar: »Ich bin auf ein Geheimnis mit mindestens sieben verschlossenen Türen gestoßen.« In seinem Hirn arbeitete es fortan fieberhaft: »Was kann sich hinter diesen großen Eisentoren verbergen, dass dabei die Sprache auf der Strecke bleibt?«

Schaut man in andere Familien, auch 40 oder 50 Jahre später, so befindet sich die Tante des kleinen Götz durchaus in passender Gesellschaft. In vielen Familien, in denen die heutigen Eltern aufgewachsen sind, herrschte ebenfalls Sprachlosigkeit, wenn Situationen oder Gespräche in die Nähe der Körperlichkeit gerieten.

»Bei uns wurde gar nicht darüber geredet«, die entscheidenden Körperteile wurden nicht beim Namen genannt. Viele Mütter benutzten ausweichende Beschreibungen von »obenrum« und »untenrum«, wenn sie ihre Kinder dazu anhalten wollten, die Waschlappen nach Körpergebieten zu sortieren.

Sprache als Hilfe, sich »ganz« zu fühlen

Auch vielen heutigen Eltern wurde vermittelt: Da gibt es keine Worte, warum auch immer. Und über das »warum auch immer« konnten und können sich neugierige und sensible Kinder so ihre Fantasien machen. Nur die Richtung der Fantasien war mit und ohne Worte meist vorgegeben: »Es hatte irgendwie mit ›Bäh‹ zu tun«, erinnert sich ein junger Vater.

Was verinnerlichten der kleine Götz und mit ihm viele andere? »Wenn ich mir Körperteile wie Nase oder Knie sprachlich verfügbar mache, lerne ich sie kennen, als zu mir gehörig, als eins mit mir und meinem Körper. Aber die Geschlechtsorgane, die sind irgendwie außen vor. Darüber habe ich keine Macht. Sie gehören mir nicht, sondern sind fremdbestimmt.«

Was nicht gesagt wird

»Die Eltern, die ›Geheimnisse‹ säen, werden ›Lücken‹ ernten«, prophezeit die französische Psychoanalytikerin Christiane Olivier[1], und sie erklärt diese Erkenntnis aus ganzheitlicher Sicht: »Falls Sie es ablehnen, Ihrem Kind auf eine seiner Fragen zu antworten, geht diese Frage nicht nur nicht verloren, sie wird das ganze Feld des Nachdenkens besetzen: Der Teil blockiert das Ganze. Wundern Sie sich nicht, dass Ihr Kind zerstreut ist, auf dem Mond, ›weggetreten‹.«[2]

Sprache als Schutz

»Meine Mutter hat mir nicht erklärt, wie die Kinder in den Bauch kommen, Fragen über den Körper spielten bei uns keine Rolle. Das führte allerdings dazu, dass ich viele Sachen überhaupt nicht wusste und dadurch auch komplizierte bis gefährliche Situationen als Kind erlebt habe, auch was Übergriffe durch andere Männer anging … Als ich schon erwachsen war, hat meine Mutter mal zu mir gesagt, man solle den Kindern schon eine Hilfestellung geben, aber man solle nicht alles benennen. Das fand ich unmöglich, und da habe ich ihr geantwortet: ›Mama, wenn ich mit elf Jahren gewusst hätte, dass das große, rote Ding Penis heißt, dann wäre mir eine Situation erspart geblieben in meinem Leben, und da wäre ich dir sehr dankbar für gewesen, wenn du das rechtzeitig erwähnt hättest.‹ Und da haben wir das erste Mal richtig darüber gesprochen. Meine Eltern konnten das natürlich auch nicht wissen, weil ich ihnen gegenüber ja schon nicht sagen konnte, was mir eigentlich passiert ist. Das würde ich auf jeden Fall anders machen, auf jeden Fall. Wie die Dinge heißen, kann man ruhig sagen. Das sollte auch gesagt werden.«
(Sabine L., 42 Jahre alt, zwei Kinder)

Aus dem Zitat wird deutlich, dass Sprache, das Reden über Sexualität, das Benennenkönnen der Geschlechtsorgane ein ganz wichtiger Schutz vor Missbrauch sind.[3] Wie soll ich's erklären, wie mir Hilfe holen, wenn ich keine Worte habe?

Experten, die sich mit dem Thema Missbrauch befassen, betonen immer wieder, wie wichtig Aufklärung, die Benennung der Sexualorgane und der Erregbarkeit des Körpers ist, um Missbrauch vorzubeugen.

Viele Kinder verfügen heute über Bezeichnungen für die männlichen und weiblichen Körperteile. Das heißt, dass es vielen Eltern offensichtlich leichter fällt, über Themen wie »Geschlechtsunterschiede«, »Schwangerschaft« und »Geburt« mit ihren Kindern zu reden. Schwieriger ist es für heutige Eltern, die Themen »Zeugung«, »sexuelle Handlungen Erwachsener« und »sexueller Missbrauch« mit ihren Kindern zu besprechen.[4]

Worte als Schlüssel

Für etwas eine Bezeichnung zu haben heißt, sich etwas anzueignen, etwas als sich zugehörig zu empfinden:

»Als ich 17 war, habe ich das erste Mal in einer Zeitschrift gelesen, dass es einen Kitzler gibt. Dort wurde genau beschrieben, was das überhaupt für ein Teil ist. Da habe ich gedacht: ›Hab ich nicht. Erst mal nachgucken.‹ Und habe dann immer mit dem Spiegel dagestanden und habe gedacht: ›Na, wo ist er?‹«
(Anne O., 40 Jahre alt, zwei Kinder)

In einem Forschungsprojekt über »Selbstwahrnehmung, Sexualwissen und Körpergefühl 8- bis 14-jähriger Kinder«[5] fragten die Pädagogin Petra Millhoffer und ihre Mitarbeiter und Mitarbeiterinnen, welche Bezeichnungen die Kinder für Körperteile kennen. Am häufigsten als unbekannt notiert wurde der Begriff »Klitoris« bzw. »Kitzler«. Macht man sich klar, dass der Kitzler das dem Penis entsprechende Körperteil bei der Frau ist, genauso erregbar und Lust bringend wie dieser, so erstaunt die Schlussfolgerung der Autorinnen nicht, dass sie in der Verleugnung des Begriffes eine Verleugnung der Existenz weiblicher Lust sehen:

»Es spiegelt die symbolische Beschneidung wider, die diesem Begriff auch heute noch in vielen Aufklärungsmaterialien widerfährt. Die Verleugnung der Existenz des weiblichen Lustorgans hat mit Sicherheit einen erheblichen Anteil an der gebrochenen Einstellung von Mädchen und Frauen zu weiblichem Begehren und weiblicher Lust!«[6]

Der Psychoanalytiker Wolfgang Mertens und die Analytikerin Christa Rohde-Dachser vertreten die Auffassung, dass die Fehlbenennung bzw. das Totschweigen weiblicher Genitalien eine Kastration im übertragenen Sinne darstellt.[7] Was soll das kleine Mädchen davon halten, dass es einen Körperteil gibt, der in den ersten Lebensjahren die Hauptquelle seiner Lust ausmacht, für den es aber keine Bezeichnung gibt? Man spricht von Scheide und Schamlippen, okay, aber vom Kitzler? Vom Stolz des Mädchens vergleichbar dem Stolz des Jungen auf seinen Penis, kann jedenfalls keine Rede sein.

Sagen, was ist

Mit dem Verschweigen etwa des Kitzlers bei Mädchen wird also direkt versucht, ein schwieriges Thema zu umgehen. Eltern, die sich unsicher darüber sind, was sie ihrem Kind schon sagen können, gehen häufig auch dazu über, es auf spätere Zeiten zu vertrösten: »Wenn du groß bist, dann bekommst du einen Busen, dann kannst du körperliche Liebe mit einem anderen Menschen haben, dann kannst du Kinder bekommen …« Was nützen dem Mädchen die Geschichten von dem, was es nicht hat und was es erst später bekommt? Das ist alles außer Reichweite, wie auf einem anderen Stern. »Sie kann sich nur ärgern, weil sie glaubt, nichts von dem zu haben, was man braucht, um eine Frau zu sein«, meint Christiane Olivier.[8] Das kleine Mädchen will wissen, was sie jetzt hat, und nicht, was sich irgendwann in unendlicher Ferne einmal einstellt. Und die Eltern können ihr sagen: »Es ist alles da. Alles ist angelegt. Und für die Lust gibt es ein Organ, das du schon kennst, weil es ein schönes Gefühl ist, sich dort zu streicheln. Das ist eine kleine, so etwa erbsengroße Stelle. Manche Menschen nennen sie auch Perle. Sie liegt etwas versteckt vorne zwischen den Schamlippen und heißt Kitzler.« So hat das Mädchen eine wichtige Hilfe, ihrer eigenen Genitalien gewahr zu werden und eine innere Vorstellung davon zu entwickeln. Auch wenn zu einer geglückten weiblichen Identitätsentwicklung und zu einer lustvoll erlebbaren Sexualität mehr gehört als die vollständige Benennung der Genitalien, so ist dies doch ein wesentlicher Baustein auf dem Weg, sich als Mädchen »richtig« und »ganz« zu fühlen.[9]

Jungen und Mädchen sollten bei der Erklärung der Geschlechtsorgane erfahren, dass ihre Geschlechtsorgane verschieden sind, weil sie zur Fortpflanzung unterschiedliche Aufgaben haben. Sie sollten auch lernen, dass Männer und Frauen die gleiche »Grundausstattung« haben und dass beide gleich gut befähigt sind, Lust zu empfinden.

Sprache als Zeichen des Respekts

Der Kinderbuchautor Peter Härtling erzählt in dem Aufsatz »Kindern Sprache schenken«, wie der Verleger Jochen Gelberg ihm vorschlug, doch Romane und Erzählungen für Kinder zu schreiben. Er habe die Vorstellung von einer »eigensinnigen und selbstbewussten Literatur für Kinder gehabt«:

»Das sollte ja meine Sache sein. Kindern ihre Sprache schenken. Sie als ebenbürtige Partner verstehen, denen die Erfahrungen und Vergleichsmöglichkeiten der Erwachsenen noch fehlen, die der Fantasie jedoch nie vor lauter Furcht Zügel anlegen, deren Freiheiten voller Erwartungen stecken. Kinder, denen man Wörter, eine Sprache schenken sollte, die ihnen Zukunft, Vernunft und Würde verspricht. Eine Sprache, die allerdings auch empfindlich bei sich bleibt, sich nicht brüstet und nicht pathetisch droht.«[10]
(Peter Härtling, Kinderbuchautor)

Stottern erlaubt

Klingt gut, auch als Maxime für die Sprache, in der wir mit Kindern über Sexualität reden. Zumal nicht alle Eltern Peter Härtlings sind und beim »Sprechen« vor dem Computer sitzen, sondern ihren Kindern hautnah gegenüberstehen, wenn sie über Kitzler, Pimmel und Liebemachen sprechen. Damit ist nicht gemeint, dass man über *alles* reden soll und jede letzte Wissenslücke über Sexualität zwischen Eltern und Kindern in Worte gefasst werden muss. Das wollen auch die Kinder nicht. Den Kindern Sexualsprache geben heißt, ihnen zu helfen, sich ihren Körper vertraut zu machen als etwas Positives, ihnen eine Sprache zu geben, mit der sie »schöne« und »blöde« Gefühle benennen können, zu ihrer Freude und zu ihrem Schutz.

Kleines Lexikon

Was der kleine Götz sich damals vor 75 Jahren nicht getraut hätte, ist heute in manchen Kindergärten an der Tagesordnung: »Du Wichser« tönt es da aus Kindermund und auch Begriffe wie »schwule Sau« oder »Arschficker« fallen durchaus in den einst so »unschuldigen« Gemäuern. Und sie kommen sogar raus aus den Gemäuern, werden nach Hause getragen, und spätestens hier werden viele Kinder in erstaunte Gesichter der Eltern blicken und hören: »Ficken sagt man nicht.« Aber was sagt man denn?

Statt dem Kind das Wort zu verbieten, welches es gar nicht versteht, könnten Eltern die Gelegenheit nutzen, mit ihrem Kind ins Gespräch zu kommen, um dabei Erstaunliches zu erfahren. Die meisten Fünf- bis Zehnjährigen würden auf die Frage: »Was ist ein Wichser?«, etwa antworten: »Das ist ein doppeltes Arschloch.« Was sie nicht sagen werden, aber genau wissen, ist die Tatsache, dass die meisten Erwachsenen auf ein Wort wie »Wichser« viel heftiger reagieren, als wenn sie »Doofmann« sagen würden; weshalb es dann auch besonderen Spaß macht, dieses Wort zu benutzen.

Wie wäre es, dem Kind das Wort zu erklären: »Wichsen sagt man zur Selbstbefriedigung bei Jungs und Männern. Wenn sie ihre Vorhaut hin- und herschieben und sich damit erregen, das ist Wichsen.«

Und für Kinder, die noch mehr wissen möchten, hat gerade das Wort »Wichsen« eine interessante Herkunft: Der Begriff kommt nämlich von wächsern. Das heißt, in dem Wort Wichsen steckt das Wort Wachs, wie Kerzenwachs. Was daher kommt, dass früher die Schuhcreme aus einer wachsartigen Substanz bestand. Und wenn man die Schuhwichse auf die Schuhe auftrug und diese dann polierte, so wurde mit einer Bürste oder einem Lappen hin- und hergeschrubbt. Und diese Handbewegung ist eine ähnliche wie die, wenn man seinen Pimmel reibt.[11]

Welche Worte wollen wir verwenden, um die Geschlechtsteile oder die körperliche Liebe zwischen zwei Menschen zu bezeichnen? Es gibt zwar eine ganze Menge, aber manche gefallen uns einfach nicht oder kommen nur sehr schwer über unsere Lippen. Hier ein paar gängige Beispiele:

- Penis, Glied, Schwanz, Pimmel, Dödel, Pipimax, Schniedel, Schwänzchen, Pillemann, Puller.
- Vagina, Scheide, Muschi, Möse, Fotze, Pflaume, Brötchen, Schmetterling.
- Geschlechtsverkehr haben, zusammen schlafen, Liebe machen, ficken, bumsen, vögeln, pimpern, beischlafen, sich körperlich lieben.

Bei der Begriffsauswahl ist es wichtig, zu bedenken, dass für Kinder Handeln und Erkennen eins sind. Das heißt, Kinder werden neugierig auf etwas, wenn sie mit ihm in Berührung gekommen sind. »Kinder begreifen, was sie angegriffen haben.«[12]

Der Pädagoge Helmut Kentler schließt so bestimmte Begriffsgruppen als für Kinder ungeeignet aus: Das sind zunächst die lateinischen Begriffe, die der medizinischen Fachsprache: Wir sagen zum Auge auch nicht Oculus, warum sollen wir die Bezeichnungen für Sexuelles plötzlich aus einer fremden Sprache nehmen? Und er argumentiert: »Da den Kindern die fremdsprachlichen Begriffe fremd bleiben, wirken sie verfremdend auf ihre Einstellung zum Sexuellen.« Wie soll etwas, für das es nur lateinische Begriffe gibt, vertraut werden?

Als Nächstes scheidet er die verniedlichenden, entsexualisierenden Wörter wie Pullermann für das Glied, pullern für urinieren oder Brünnlein für Scheide aus. So werde die Funktion dieser Organe lediglich auf die Ausscheidung beschränkt. Dass sie eine sexuelle Funktion haben, werde unter den Tisch gekehrt. »Die Kinder bekommen keine Erkenntnishilfen, um sich als Sexualwesen kennen zu lernen.« Was übrig bleibt, sind die Begriffe der Hochsprache, »Glied« und »Scheide«, und die der Umgangssprache, »Pimmel« und »Muschi«.

Die Hochsprache, so meint Kentler, ist sehr karg und sie verschweigt ebenfalls den sexuellen Charakter des Bezeichneten. Ein Glied ist auch mein Arm oder mein Bein. Eine Scheide ist auch eine Hülle, in der das Schwert getragen wird. Das Wort »Schamlippen« enttarnt er als sexualfeindlich, es erwecke den Eindruck, man müsse sich dieser Lippen schämen. Allein das Wort »Kitzler« lässt er gelten. Hierin schwingt etwas von der Bedeutung dieses Teils der weiblichen Geschlechtsorgane mit.

Hingegen ist die Umgangssprache im sexuellen Bereich besonders bildhaft und ausdrucksstark:

- Pimmel etwa stammt von »Pümpel« = Stößel im Mörser; pimmeln heißt onanieren.
- Muschi hängt zusammen mit Muschel und ist vor allem für die Scheide eines kleinen Mädchens gebräuchlich.
- Vögeln stammt von »vogelen« = begatten; anfangs auf Tiere begrenzt, vor allem auf Hahn und Enterich.

»Meine Eltern waren relativ liberal. Wir wurden zu Hause aufgeklärt. Viele erfuhren zu Hause gar nichts. Lediglich auf der Straße oder in der Schule hörten sie etwas über Sexualität. Meine Mut-

ter hatte sich vorgenommen, die Kinder zu Hause aufzuklären. Dabei haben meine Eltern natürlich viele Fehler gemacht: Dieses Rumgedruckse und diese chemischen Worte, die sie benutzten, zum Beispiel Glied und Scheide. Ich rede heute mit meiner Tochter so darüber, wie mir der Schnabel gewachsen ist und nicht so sachlich biologisch. Ich sage zum Beispiel auch nicht Scheide, sondern ich sage Muschi. Das finde ich irgendwie schöner. Ich fand auch Möse nicht so schön. Und für den Schwanz sage ich entweder Penis oder Schwanz.«

(Helga U., 42 Jahre alt, zwei Kinder)

Welche Bezeichnungen Eltern richtig, passend und schön finden, darüber sollten sie sich unterhalten. Aber viele Paare haben Hemmungen und Schwierigkeiten, sich miteinander über Sexualität zu unterhalten.[13] Wie soll es dann mit den Kindern leicht fallen? Üben Sie mit Ihrem Partner oder Ihrer Partnerin, oder auch mit Freunden und Freundinnen, über Sexualität zu sprechen. Überlegen Sie gemeinsam, welche Ausdrücke Ihnen gefallen und was Sie Ihrem Kind sagen möchten.

6. Kapitel

Was nicht gesagt wird

Aufklärung ohne Worte

»Kinder werden durch das erzogen, was der Erwachsene ist, und nicht durch das, was er schwatzt. Der allgemein verbreitete Glauben an Wörter ist eine der Krankheiten der Seele.«
(C.G. Jung)[1]

Der Schweizer Psychoanalytiker Carl Gustav Jung hat sich offenbar maßlos über alles erklären wollende Eltern geärgert und betont eine Kraft in der Erziehung, die mächtiger ist als Worte. Salopp ausgedrückt: Wer »Hüh« sagt und »Hott« macht, dem wird »Hott« geglaubt.

Eltern, die ständig predigen: »Du darfst nicht lügen«, sich selbst aber, wenn der Chef anruft, am Telefon verleugnen lassen, sind unglaubwürdig und säen bei ihren Kindern Verwirrung statt Klarheit. Bezogen auf unser Thema ließe sich also sagen, dass Eltern, die immer wieder vor ihren Kindern betonen, Sex sei etwas ganz Tolles, gleichzeitig aber vermitteln, dass sie selbst nur widerwillig oder aus Langeweile oder um den Partner bei Laune zu halten mit diesem ins Bett gehen, eher die Langeweile oder der Widerwille abgekauft wird als der Spaß an ausgelebter Sexualität. Alles andere enttarnen Kinder schnell als Lippenbekenntnis. Verhalten, Gesten, Stimmungen, die ein Kind zu Hause erlebt, prägen sein Bild von der Welt. Es beobachtet sehr genau: Wie leben meine Eltern als Frau, als Mann, als Paar? Wie kommunizieren sie mit den Kindern, wie mit anderen? Es speichert seine Eindrücke: Worüber darf gesprochen werden? Welche Themen werden ignoriert oder mit vernichtenden Blicken quittiert? Was wird erlaubt, was verboten? Wie lieben sie sich und mich?

Auf die Frage, wie denn die Atmosphäre zu Hause in Bezug auf Liebe und Aufklärung war, fielen allen befragten Erwachsenen Situationen ein, die sie offenbar tief beeindruckt hatten. Scheinbar weit weg von »Aufklärung« wirkten diese Erlebnisse sehr nachhaltig auf das Verständnis vom Umgang mit Körperlichkeit, Liebe und Sexualität. Selbst wenn in der Familie nicht über Sex geredet wurde, konnten alle deutlich angeben, welche Haltung ihre Eltern, ihrer Meinung nach, zu diesem Thema hatten:

Atmosphäre zu Hause

»Es war mir immer peinlich, dass meine Eltern Sex machen. Ich habe meiner Mutter auch angemerkt, dass ihr das unangenehm war. Dass es für sie schwerer war, zum Beispiel darüber zu reden: ›Wie kommt der Samen an die Eizelle?‹, als darüber: ›Wie entwickelt sich das Baby im Bauch?‹«
(Sabine L., 42 Jahre alt, zwei Kinder)

»Sexualität ist für meine Eltern sehr religiös besetzt, das heißt, sie dient der reinen Fortpflanzung. Alles darüber hinaus ist ›baba‹, unanständig und nicht existent. Dadurch, dass es im Prinzip keine Aufklärung gab, blieb Sexualität für mich lange sehr angstbesetzt.«
(Ben O., 41 Jahre alt, zwei Kinder)

»Meine Mutter wollte nicht, dass wir in der Badewanne Doktorspiele machen. Sie hat zwar nicht gesagt, dass wir das nicht sollten, aber ich habe das auch so gemerkt. Ich habe das gespürt, dass wir das nicht sollten. Man spürt ja als Kind, wann man funktioniert und wann man nicht funktioniert, wann die Eltern zufrieden sind und wann die Eltern eher peinlich berührt sind oder etwas unangenehm finden.«
(Sabine L., 42 Jahre alt, zwei Kinder)

Familienregeln

Ausgesprochen oder nicht, in jeder Familie gibt es bestimmte Verhaltensregeln, die ein Kind spürt und in sich aufnimmt. Dadurch verinnerlicht es die Bewertungen und Moralvorstellungen der Eltern automatisch:

»Abends, wenn du einschläfst, hast du gefälligst die Hände über der Bettdecke zu haben, und da wird auch nachgeguckt!«
(Ben O., 41 Jahre alt, zwei Kinder)

»Wenn ich heute an meine Kindheit zurückdenke, fallen mir Begriffe wie Enge und viele Frageverbote ein, die ich auch ohne Worte vermittelt bekam.«
(Christiane B., 43 Jahre alt)

Viele der heutigen Eltern haben gelernt, dass der Körper Familienmitgliedern gegenüber verpackt bleibt, was oft nichts Gutes bedeutete. Denn durch das Verbot, seinen Körper zu zeigen, kann das Kind oft nicht anders, als Schuld, Schimpf und Schande mit seiner ihn umgebenden Hülle, das heißt mit sich selbst, zu assoziieren.

»Nacktheit war bei uns ein Tabu! Toilette und Badezimmer wurden grundsätzlich abgeschlossen.«
(Ben O., 41 Jahre alt, zwei Kinder)

»Ich habe meine Eltern nie nackt gesehen. Das war auch ganz wesentlich, besonders für meinen Vater. Der war fast überängstlich, dass wir ja keine grenzwertigen Situationen erlebten.«
(Beate S., 42 Jahre alt, zwei Kinder)

»Ich habe mit meinen Schwestern im selben Zimmer geschlafen, auch als sie schon in der Pubertät waren. Abends, wenn ich schon im Bett lag, kam eine Hand rein zum Lichtschalter und machte

das Licht aus, damit ich meine Schwestern nicht im Nachthemd
sah, das vielleicht ein bisschen durchsichtig war. Dann gingen sie
im Dunkeln ins Bett.«
(Robert K., 43 Jahre alt, ein Kind)

»Als ich mit vier Jahren einmal ins Bad stürmte, stand plötzlich
mein Vater nackt vor mir. Ich konnte kaum einen Blick auf seinen
Penis werfen, da warf er schon brüllend die Tür zu. Ich war total
erschrocken und fühlte mich schuldig, ohne zu wissen, wofür. Gere-
det wurde über den ›Vorfall‹ nicht.«
(Christiane B., 43 Jahre alt)

Schweigen, ein Thema, das plötzlich im Nichts endet, merkwür-
dige Rituale, stockende Erklärungen, lobendes oder tadelndes
Verhalten der Eltern, abweisende, wegwischende oder willkom-
men heißende Reaktionen, liebevolle Gesten, empörte und be-
wundernde Blicke oder unverständliches Brüllen. Das alles sind
Anzeichen für Kinder, aus denen sie sich ihr Bild darüber machen, wie sehr ihre Eltern ein Thema, das angesprochen wird,
oder ein Verhalten, das sie an den Tag legen, bejahen oder miss-
billigen. An den Handlungen der Eltern, an ihren Reaktionen
spüren Kinder sehr genau, ob sie etwas fragen, sagen oder tun
dürfen. Die Kinder lernen: »Unter dem schwesterlichen Nachthemd gibt es ein großes Geheimnis, ich darf dem ganz nah sein,
aber ich darf es nicht sehen.« Oder: »Mein Vater wird sehr aggressiv, wenn er nackt ist.«

Eltern geben oft ihre eigenen Ängste und Unsicherheiten an
die Kinder weiter. Es sind Eltern, die selbst von bestimmten Erfahrungen geprägt wurden und die selbst kein Verhalten gelernt
haben, das ihnen bei einem anderen Umgang mit Sexualität hätte hilfreich sein können.

»Mein Vater ist als 16-Jähriger wenige Monate vor Kriegsende in
russische Gefangenschaft geraten und hat dort erlebt, wie Militär-
ärztinnen alle nackt antreten ließen und ihren Zustand auch

handgreiflich prüften. Das muss wohl sehr demütigend gewesen sein. Erzählt hat er davon erst nach seinem Herzinfarkt. Doch so konnte ich im Nachhinein manche Reaktion verstehen.«
(Christiane B., 43 Jahre alt)

Eltern als Vorbild

»Dass körperliche Liebe etwas Schönes sein kann, wurde mir, wenn überhaupt, eher von meinem Vater vermittelt. Aber ich spürte auch, dass er etwas erzwingen wollte, was bei meiner Mutter auf Widerstand stieß. Bei meiner Mutter hatte ich immer den Eindruck, sie lebte mit meinem Vater nach dem Motto: ›Man macht das eben.‹ Dieses Gefühl hatte ich lange Zeit auch in mir. Ich war 30, als ich erfahren habe, dass Sexualität schön sein kann.«
(Martha K., 39 Jahre alt, zwei Kinder)

»Zärtlichkeiten wurden bei uns keine ausgetauscht. Meine Eltern haben sich, wenn ich oder meine Schwestern anwesend waren, nicht geküsst. Das erste und bis heute einzige Mal, dass ich gesehen habe, dass meine Eltern sich geküsst haben, war auf deren Silberhochzeit.«
(Ben O., 41 Jahre alt, zwei Kinder)

»Ich habe meine Eltern nie nackt gesehen. Die haben nicht geschmust, die haben sich auch nicht geküsst. Die sind auch nicht Hand in Hand gegangen. Die hatten keine gute Ehe.«
(Robert K., 43 Jahre alt, ein Kind)

Wie sind meine Eltern als Paar – das fragt sich jedes Kind. Lieben sie sich? Sind sie zärtlich zueinander? Gehen sie respektvoll miteinander um? Achten sie sich?

Schon Dreijährige sehen ihre Eltern als das Modell von König und Königin. Die kleinen Prinzen und Prinzessinnen gucken auf das Königspaar und lernen von ihm, wie das ist, ein Paar zu sein. Ob sie sich lieben und diese Liebe in der Öffentlichkeit zeigen. Oder ob sie sich nur hinter verschlossenen Türen küssen, wenn das »Volk« nicht dabei ist, sich aber natürlich seine Fantasien darüber macht. Ob sie sich als Person achten. Ob sie respektvoll miteinander umgehen oder ob häufiger Schläge unter der Gürtellinie vorkommen. Ob sie sich ständig streiten und sich in wichtigen Lebenslagen gegenseitig auflaufen lassen. Sie sehen: Gilt ein Geschlecht grundsätzlich weniger als das andere? Fliegt möglicherweise das ganze Königreich in die Luft und bekriegen sich die verfeindeten Mächte nur noch über Anwälte? Oder unterstützen und achten sie sich im Alltag? Gibt es Lust und Leidenschaft zwischen den beiden? Haben sie ein partnerschaftliches Verhältnis und »regieren« gemeinsam das Imperium?

Die Vorbildfunktion der Eltern für die Kinder ist gar nicht hoch genug einzuschätzen. Das gilt für getrennt und zusammen lebende Paare gleichermaßen. Eltern können noch so liebevoll zu ihren Kindern sein, wenn sie den Partner oder die Partnerin abwerten, verachten oder schlecht machen, dann schaden sie damit vor allem den Kindern.

Der Psychoanalytiker Wolfgang Mertens betont die Bedeutung einer positiven Identifikation des Kindes mit den Eltern. Die Beziehung zwischen den Eltern zeigt dem Kind vor allem, dass es neben seiner eigenen Verbindung zur Mutter überhaupt noch andere Beziehungsformen geben kann und darf.[2]

Ein sich achtendes »Königspaar« stärkt das Selbstwertgefühl der Kinder, denn diese identifizieren sich ja mit dem Vorbild. Dadurch, dass es deren gegenseitige Wertschätzung erlebt, erscheint es ihnen erstrebenswert, Beziehungen einzugehen.

Ein Kind, das Sticheleien, herabwürdigende Bemerkungen und Gemeinheiten zwischen den Eltern erlebt, wird in einen Zwiespalt über den Wert seiner eigenen Person und den des oder der Herabgewürdigten gestürzt.

Ein Junge, der erfährt, dass sein Vater seine Mutter verachtet, nimmt diese Verachtung des Vaters in sich auf. Gleichzeitig ist er in einem Konflikt, wenn er seine Mutter heiß und innig liebt. Denn er liebt ja etwas, das offenbar verachtungswürdig scheint. Für die Identifikation mit dem Vater muss er die Mutter auch abwerten und lernt so für den Umgang mit Frauen vor allem, aggressiv zu sein, und nur in seinen aggressiven oder herabsetzenden Äußerungen Frauen gegenüber fühlt er sich sicher. Wie soll er sich später anders verhalten können? Und umgekehrt: Wie soll ein Junge sich mit dem Vater identifizieren, wenn dieser durch die Mutter ständig abgewertet wird? Unter solchen Umständen erscheint der Vater nicht als liebenswert. Da er aber nicht mit dem Vater brechen kann, identifiziert er sich mit einem wenig begehrenswerten Mann. Was bedeutet das für seine eigene Entwicklung? Mit welchem Selbstwertgefühl wird er sexuelle Beziehungen empfinden?

Für Mädchen gilt natürlich genau dasselbe. Egal wie die Konstellation aussieht, das Ergebnis werden ein schwaches Selbstwertgefühl sein und Beziehungen, in denen Herabwürdigungen in die eine oder andere Richtung immer eine Rolle spielen. Schnack und Neutzling betonen in diesem Zusammenhang, dass es dabei nicht um »Launen« oder »momentane Befindlichkeiten« geht, sondern dass die grundsätzliche Haltung der Eltern, die »durchschnittliche Temperatur« der Beziehung ausschlaggebend sind.[3]

Die englische Psychoanalytikerin Enid Balint hat die Bedeutung der Beziehung zwischen den Eltern für die Entwicklung des Kindes aus ihrer Sicht formuliert:

»Die Qualität der Objektbeziehung zwischen Mutter und Vater, wie sie vom Kind gesehen und gefühlt wird, d.h. der Grad ihrer Fähigkeit, den Eindruck gegenseitiger Fürsorge, Rücksichtnahme und Fairness zu vermitteln, ist ein wichtigeres Introjekt[4] als die Funktion jedes Elternteils für sich genommen«.[5]

Darüber, wie Eltern sich als erwachsenes Paar miteinander auseinander setzen, stellen sie entscheidende Weichen für ihr Kind.

»Ich habe das Bemühen meiner Eltern mitgekriegt, etwas anders zu machen als viele ihrer Generation. Das Bemühen, uns Sex als etwas Schönes zu vermitteln. Sie haben versucht, uns sachlich aufzuklären, aber wir haben meine Eltern auch als Liebespaar erlebt, wir wussten, dass sie eine Sexualität hatten. Wenn wir zum Beispiel sonntags in ihrem Bett lagen, haben sie uns signalisiert: Ihr dürft jetzt ruhig mal weggehen. Sie haben sich geküsst. Mein Vater hat meine Mutter von hinten umarmt und ihr den Busen gestreichelt.«
(Jan B., 44 Jahre alt, zwei Kinder)

»Meine Eltern hatten einen ganz netten Umgang im Alltag miteinander. Sie gingen schon mal Hand in Hand oder Arm in Arm, wenn wir gewandert sind. Sie küssten sich vor uns oder sagten schon mal Koseworte zueinander. Für uns war jedenfalls nachvollziehbar, dass jetzt nicht zwei Streithähne abends im Schlafzimmer verschwinden.«
(Beate S., 42 Jahre alt, zwei Kinder)

Eigene Erfahrungen

Eltern, die sich mit der eigenen Aufklärungsgeschichte auseinander setzen, können möglicherweise Erklärungen für ihre späteren Erfahrungen finden:

»Bei uns war Nacktheit ein totales Tabu. Ich habe mich als Kind hin und wieder nackt ausgezogen, aber vorher meine Zimmertür von innen verbarrikadiert.«
(Ben O., 41 Jahre alt, zwei Kinder)

»Ich glaube, dass meine extreme Schüchternheit in der Pubertät auch sehr viel mit der Leibfeindlichkeit meiner Mutter zu tun hatte, dass sie nie mit mir geschmust hat. Ich hatte eine extreme Angst davor, meinen Arm um ein Mädchen zu legen, obwohl ich wusste, dass das Mädchen das wollte.«
(Robert K., 43 Jahre alt, ein Kind)

»Sexualität war bei uns das große Tabu. Ich glaube, das hat mir Angst gemacht. Das war so ein Monster, vor dem ich totalen Schiss hatte. Als ich gerade 18 war, hatte ich eine Freundin, die war 15. Sie wollte mit mir schlafen. Ich hatte totale Angst davor, weil ich merkte, dass sie viel mehr wusste und viel freier war im Umgang mit Körperlichkeit. In dem Moment habe ich meine Eltern verflucht, dass sie mich so unwissend erzogen haben. Damit meine ich nicht in erster Linie bezüglich der Sexualität, sondern auch was Verhütung angeht. Ich war überhaupt nicht vorbereitet.«
(Ben O., 41 Jahre alt, zwei Kinder)

Reflexion heute

Heute hat sich einiges geändert. Nacktheit in der Familie ist bei den Eltern nicht mehr so tabuisiert, wie es einige in ihrer eigenen Kindheit erlebt haben. Trotzdem ist es etwas, über das auch heutige Eltern nachdenken und einen Umgang suchen, der ihnen entspricht:

»Mit Körperlichkeit versuche ich so bewusst und natürlich wie möglich umzugehen. Beim Duschen sind die Türen nicht abgeschlossen, die Kinder rennen rein und raus. Nacktheit ist für die Kinder ein recht normaler Zustand.«
(Ben O., 41 Jahre alt, zwei Kinder)

»Ich zeige mich nicht demonstrativ oder selbstverständlich vor meinen Kindern nackt. Wenn ich unter der Dusche bin, dann ist das oft so, dass die reinkommen und setzen sich dann dazu und erzählen mir was. Das ist auch völlig in Ordnung. Aber ich würde jetzt nicht demonstrativ in der Unterhose durch die Wohnung laufen und meine Anziehsachen suchen. Ich guck schon, dass ich etwas angezogen bin. Ich glaub, das ist mir ein bisschen erhalten geblieben.«
(Beate S,. 42 Jahre alt, zwei Kinder)

Eltern verhalten sich je nach Alter der Kinder unterschiedlich und sie registrieren Veränderungen auch auf Seiten der Kinder. So ist vor allem die Pubertät der Kinder ein Zeitraum, in dem diese mehr Schamgrenzen aufbauen.[6]

Versuchen Sie sich an die eigene Kindheit zu erinnern. Überlegen Sie mit dem Partner, mit Freunden oder den eigenen Eltern: Wie war das eigentlich in meiner Kindheit? Welches Erlebnis, welche Familienregel, welche Reaktion der Eltern hat auf mich besonders gewirkt? Erinnerungen an die eigene Kindheit erklären viel von dem, was Eltern heute ihren Kindern ersparen wollen oder auch, was sie gerne weitervermitteln möchten. Auch die Reflexion der heutigen Gefühle und Verhaltensmuster, die Eltern ihren Kindern gegenüber zeigen, machen die eigenen Vorbehalte, Ängste und Wünsche deutlich. Und sie weisen eine Richtung für die Aufklärung:

»Ich lege Wert darauf, dass alle Fragen der Kinder ernsthaft beantwortet werden. Es muss nicht immer sachlich korrekt sein, Hauptsache es wird geantwortet. Das Beschreiben der genauen Einzelheiten, zum Beispiel beim Geschlechtsakt, lasse ich weg oder verschiebe es auf später. Warum? Das traue ich mich noch nicht und vielleicht kann meine Frau das auch besser.«
(Ben O., 41 Jahre alt, zwei Kinder)

»Ich hab manchmal Probleme, mich damit abzufinden, dass mein kleines Töchterlein jetzt frauliche Seiten bekommt. Ich hatte meine Tochter eine Zeit lang nicht im Bad gesehen, weil sie auch anfing, sich ein bisschen zurückzuziehen und sich hinter verschlossenen Türen umzuziehen. Irgendwann rief sie mich mal ins Bad, weil sie ihr beim Haarewaschen helfen sollte. Ich war doch relativ geschockt, als ich dann sah, dass meine kleine Tochter jede Menge Schamhaare hatte. Da musste ich schlucken. Ich weiß auch nicht, warum. Ich wollte meine Tochter nicht so gern als sexuelles Wesen sehen.«
(Sabine L., 42 Jahre alt, zwei Kinder)

Das Ziel solcher Überlegungen ist nicht, möglichst alles locker vom Hocker zu besprechen und alle Hüllen fallen zu lassen. So zeigen dem Vater die Lücken, die er bei der Aufklärung lässt, auch seine eigenen Hemmungen, über die er reflektieren oder sich mit anderen Erwachsenen austauschen kann. Und das Unbehagen, das die Mutter beim Anblick ihrer heranreifenden Tochter beschleicht, kann sie auf ihre eigenen Ängste hinweisen. Sie spürt vielleicht ihre Sorge darüber, was mit ihr selbst wird, wenn »das Kind« jetzt bald erwachsen wird und aus dem Haus geht. Vielleicht hat sie ein flaues Gefühl bei dem Gedanken, dass die Tochter jetzt zur Frau wird, begehrenswert, und sie selbst dann zum alten Eisen gehört. Dieses Wissen kann es ihr wiederum erleichtern, mit der Tochter umzugehen und sie in ihrer Entwicklung zu akzeptieren. Wenn sie weiß, dass ihr Unbehagen bezüglich der körperlichen Reifung der Tochter mit ihren eigenen Ängsten zu tun hat, kann sie Konsequenzen ziehen. Sie kann sich selbst auf den kommenden neuen Lebensabschnitt, in dem die Kinder keine Kinder mehr sind und die Eltern nicht mehr in dem Maße brauchen, vorbereiten.

7. Kapitel
Fernsehen, Straße, Internet
Sex von links und rechts

Hänschen und Hannah gehen in die Welt hinaus, und was sie da alles hören und sehen, macht sie staunen. Robert und Mat und Tamara, die Freunde im Kindergarten, kennen Wörter, die klingen äußerst interessant. »Du bist ein Wichser«, tönt es aus Roberts Mund. »Die ficken ja zusammen«, weiß Mat über zwei Ameisen, die übereinander krabbeln, zu berichten. »Du schwule Sau« wird Mat von Tamara beschimpft, als er den Arm um seinen Freund Robert legt.

Hänschen und Hannah wissen zwar nicht so genau, was »schwul« und »ficken« und »Wichser« bedeuten, aber eins können sie aus den triumphierenden Augen der Freunde und den entsetzten der Erzieherinnen ablesen: Das Staunen der Eltern ist garantiert, wenn man die neuen Ausdrücke zu Hause einsetzt. »Also«, folgern die Kindergartenkinder, »muss das etwas Schlimmes sein, das man nicht sagen darf.«

Manche Grundschulkinder kennen die Bedeutung der »schlimmen« Wörter und ahnen, worum es geht, wenn sie sagen: »Wenn man die Simpsons guckt …, fickt Homer mit seiner Frau und dann wackelt das ganze Bett.«[1]

Schon Drittklässler konsumieren laut Studie der Bundeszentrale für gesundheitliche Aufklärung (BZgA) die Aufklärungsseiten der »Bravo«, in denen es um Verhütung und Selbstbefriedigung ebenso wie um die verschiedenen Stellungen, Befriedigungsarten und Pornografie geht.[2] Fünftklässler berichten bereits von »Traumschwänzen« und »Fotzen, die für eine Woche bereitstehen würden«, wie sie aus Pornofilmen oder aus Erzählungen älterer Kinder wissen. Und spätestens Siebtklässler kennen sich mit Stellungen wie 69, Reiterstellung usw. verbal aus und sind in der Lage sich alles aus dem Internet zu holen: »Sex mit Tieren … es gab eigentlich alles.«[3]

Eltern sind verunsichert

Eltern stehen angesichts der Sexflut auf allen Ebenen, die ihre Kinder überschwemmt, die Haare zu Berge. Sie wissen nicht, wo sie zuerst hingucken sollen. »Wie soll es den Kindern anders gehen?«, fragen sie sich. Die Schuldigen der Überschwemmung sind rasch ausgemacht: die Medien. Die Faszination von Nacktem, Erotischem, Sexuellem kennen die Eltern von sich selbst:

»Der Reiz ist überwältigend. Das war bei uns nicht anders.«
(Martha K., 40 Jahre alt, zwei Kinder)

»1972 war die durchsichtige Bluse bei ›Wünsch dir was‹ ein Skandal. Alles, was mit Sexualität zu tun hatte, war äußerst interessant. Das Interesse, irgendetwas Sexuelles ans Licht zu zerren, ist heute ungebrochen.«
(Rainer Neutzling, Autor)[4]

Neugierig waren sie auch, die Eltern. Auch sie wollten den Busen unter der durchsichtigen Bluse bei »Wünsch dir was« sehen und die Aufregung war riesengroß. Doch während die heutigen Eltern sich als Jugendliche voller Neugier auf die Packungsbeilagen der unterschiedlichen Tampons stürzten oder heimlich unter der Bettdecke das Medizinbuch aus dem elterlichen Schrank lasen, springen heute, gewollt oder nicht, kleinen Kindern Nacktheit und Sexualität in all ihren Spielarten auf Plakatwänden und Bildschirmen entgegen. Oft müssen sie den Fernseher noch nicht einmal selbst einschalten, weil der schon läuft.

Schaut man sich an, wie viele kleine Kinder in Deutschland wann und wie lange fernsehen, bekommt man eine Ahnung davon, was schon Windelträger aufnehmen, aber mitnichten verarbeiten können.

130.000 Kinder von 3 bis 13 Jahren schauen zwischen 23 und 24 Uhr fern. Zählt man die Zahl der 14- bis 19-Jährigen dazu, kommt man auf eine Zahl von insgesamt 440.000 Kindern und Jugendlichen. Zwischen 2 und 3 Uhr morgens gucken noch 10.000 Kinder zwischen 3 und 5 Jahren fern.[5]

Aber wer trägt die Schuld daran? Diejenigen, die den »Schweinskram« vermarkten, oder diejenigen, die die Knöpfe der Fernbedienung drücken?

Schon in vorherigen Generationen wurde darüber geklagt, dass die Kinder viel früher als zuvor mit Sexualität konfrontiert, sprich »verdorben«, werden. Diese Tendenz setzte sich fort, denn die »Bravo« haben die Eltern damals auch gelesen und da waren sie zwölf oder dreizehn Jahre alt. Es ging um Zungenkuss und Petting. Und für deren Eltern war dies Grund genug zu Misstrauen und Argwohn. Heute sind die Maschen, durch die die Kinder gewollt oder unfreiwillig schlüpfen können, um etwas über Sexualität zu erfahren, zahlreicher und größer geworden. Bereits Acht- und Neunjährige können sich über Pornografie und Liebesstellungen informieren, im Fernsehen, im Internet, auf dem Schulhof.

Die Auswirkungen der Sexflut

»Ich habe meinen Sohn mal gefragt, wie er Lara Croft findet. Er sagte selbstverständlich: ›Ich finde das doof mit dem Busen.‹ Ich glaube, das wird manchmal unterschätzt. Neulich war eine Sendung im Fernsehen: ›Die intelligentesten Kinder von Deutschland‹. Die Moderatorin hatte einen unheimlich offenherzigen Ausschnitt. Mein Sohn saß peinlich berührt vor dem Fernseher und fragte: ›Warum macht die das denn? Das ist doch eine Sendung, die sich Kinder angucken.‹«
(Martha K., 40 Jahre alt, zwei Kinder)

Druck gab es damals und gibt es auch heute. Nicht nur die Kinder sind unsicher, wenn Kindersendungen von vollbusigen Damen mit weitem Ausschnitt moderiert werden oder der Sex im Fernsehen zum Höchstleistungssport stilisiert wird. Sie können im guten Fall fragen: »Mama, ist das wirklich so, wie die das machen?«

Auch die Eltern wissen übrigens, dass die Realität anders ist, doch vergessen auch sie das zwischendurch und erleben Frust: In einer Studie der Bundeszentrale für gesundheitliche Aufklärung resümiert die Psychologin Helgard Roeder, dass die ständige Konfrontation mit sexuellen Themen und Bildern in den Massenmedien für die meisten Befragten (Erwachsene) sehr frustrierend sei. Einige Männer meinten, das übertriebene Sexangebot in den Massenmedien mache sie aggressiv, zumal hier eine Sichtweise vorherrschend sei, bei der die Attraktion einzelner Körperteile und die schweißtreibende Leistung der Kopulierenden hervorgehoben würden, aber kaum die eigenen Wünsche, Gefühle und Erfahrungen wiederzufinden seien.[6]

Eltern wissen nicht, wie sie dem völlig verzerrten Medienbild der Superverführerin und des Sexmaniacs begegnen sollen. Und sie fühlen sich natürlich machtlos, ihren Kindern angemessene Hilfen zu geben.

»Diese offensive Fernsehaufklärung ist für meinen 11-jährigen Sohn nicht immer einfach. Etwa wenn im Fernsehen Sexszenen gezeigt werden, wo ein Paar sich in Sekundenschnelle aufeinander stürzt. Er macht dann zum Beispiel Bemerkungen wie: ›Ich find das voll blöd, als ob Erwachsene sich so wie die Tiere aufeinander stürzen würden.‹ Ich selbst habe so was als Kind als reine Bedrohung empfunden. Ich hatte den Eindruck, dass es normal ist, dass man sich irgendwann aufeinander stürzen muss. Die Realität ist doch für Jugendliche, dass man sich vorsichtig einem Jungen oder einem Mädchen nähert. Sehr behutsam und sehr schüchtern. Im Fernsehen wird vermittelt, dass alle anderen da ein Feuerwerk im Bett abziehen, und nur du selber schleichst wie eine Schnecke ran. Insofern glaube ich, dass das Angst machen kann. Ich weiß nur nicht, ob man das unterbinden sollte oder ob man da

stärker einschreiten sollte. Darüber bin ich mir total unsicher.«
(Gerda S., 41 Jahre alt, zwei Kinder)

»Ich fand Sex im Fernsehen immer furchtbar peinlich. Außerdem stört mich, dass die Rolle der Frau oft unheimlich blöd dargestellt wird. Sexualität im Fernsehen kommt häufig in Verbindung mit Gewalt vor oder es werden Abhängigkeiten gezeigt. Es wird eben nicht gezeigt, wie normale Menschen zusammenleben. Auch in den ganzen Talkshows wird alles wie ein Hochleistungssport gehandhabt. Der normale Mensch muss dann denken: ›Oh Gott, bin ich langweilig.‹ Die Kinder setzt das mit Sicherheit unter Druck.«
(Sabine L., 42 Jahre, zwei Kinder)

»In Filmen und Büchern wird nicht wirklich beschrieben, was die Leute für Gefühle haben. Mein ›erstes Mal‹ war nicht schön. Durch die Filme denkt man, dass man selbst die Schuld daran trägt.«
(Mahin N., 34 Jahre alt, ein Kind)

Überforderung der Kinder

Unsicherheit im Umgang mit der Realität, ausgelöst durch ein unrealistisches Bild der Wirklichkeit, ist die eine Facette des »Sex auf allen Kanälen«. Andere Ängste von Eltern haben mit der Befürchtung zu tun, dass die Kinder mehr mitbekommen, als sie verkraften können. Kinder versuchen dann, etwas zu empfinden oder gar nachzuahmen, das zu diesem Zeitpunkt in ihrer Welt noch gar keinen Platz findet. »Da gibt es 14-Jährige, die eben noch Sex hatten und im nächsten Moment mit ihrem Meerschweinchen spielen«, fasst der Erziehungswissenschaftler Thomas Ziehe die völlige Überforderung der Kinder und Jugendlichen heute zusammen.[7]

Auch der Soziologe Günther Amendt beklagt die Konsequenz des Sex von allen Seiten: Sex spiele sich nicht mehr unbelastet im stillen Kämmerchen ab, wo man herumprobieren und ungestraft scheitern kann. Durch die Öffentlichkeit, die Sexualität erfährt, gehe es um Leisten und Versagen und nicht mehr um Ausprobieren und Fehler-machen-Dürfen. Das Spielerische, Menschliche geht verloren und weicht der Orientierung an »ausnahmslos erfolgreichen Vorlagen«, die in den Medien geboten werden.[8] Überforderung und Frust sind oft die Konsequenz.

Je jünger die Konsumenten von Pornografie und sexuellen Darstellungen in den Medien sind, desto verwirrender ist für sie das Dargebotene. Denn sie haben keine Vergleichsmöglichkeiten und wissen nicht, was Realität ist und was Fiktion.[9] Kein Wunder, dass die Erziehungswissenschaftlerin Petra Millhoffer die Konsequenz zieht: »Die freimütige Inszenierung von Sexualität in den Medien und eine sensationsheischende Berichterstattung über die Risiken und den Missbrauch von Sexualität führen zumindest bei jüngeren Kindern nicht zu einem gelasseneren, faireren Umgang miteinander, sondern belasten eher die Atmosphäre im Schulalltag.«[10] Privates, Schambesetztes, Intimes, Verletzbares werden öffentlich. Kinder können es nicht begreifen und das macht Angst.

Konsequenzen, die Eltern ziehen

Wie Eltern auf die Verunsicherung durch die Medien reagieren, war Thema einer Grundlagenstudie des Kölner Instituts »Rheingold« zum Thema Jugendschutz und TV-Erotik. Sie brachte Erstaunliches zum Vorschein. Die Psychologen sprechen von einer »Doppelmoral im familiären Jugendschutz«, denn einerseits gebe es natürlich Verbote im Umgang mit TV-Erotik: »Die Kinder müssen vorher fragen, was sie gucken dürfen« oder es heißt »um 10 Uhr ist Schluss«. Andererseits gebe es Grauzonen, die Eltern nach dem Motto »Was ich nicht weiß, macht mich nicht heiß« dulden. Das Fazit, welches die Kölner Psychologen ziehen: »Die Aufklärung und Auseinandersetzung mit sexuellen Fragen, Problemen und Nöten der Jugendlichen wird insgeheim an Schule, Medien, pädagogische (Freizeit-)Einrichtungen usw. delegiert.«[11]

Als Grund für dieses Verhalten sehen die Psychologen ein Dilemma, in dem die Eltern stecken: Einerseits wollen sie tolerant sein und offen in Bezug auf Sexualität und sexuelle Themen, andererseits gibt es die Inzest-Schranke, die erfordert, dass der Kontakt zu den Kindern – auch verbal – nicht sexualisiert ist. Von der insgeheimen Duldung der Rezeption von TV-Erotik erhoffen sich Eltern, dass ihnen die Aufklärung erspart bleibe. Eltern unterrichteten ihre Kinder zwar eher »technisch« mit Hinweisen auf Verhütung, Nutzung von Kondomen, Aids-Prävention usw. oder argumentierten auf moralischer Ebene, indem sie »Sonntagspredigten« hielten. Sie umgingen aber eine tiefer gehende Auseinandersetzung, indem sie ihre Aufklärung auf diese Weise begrenzten. So nutzten sie die offiziellen Helfer wie die Schule ebenso wie die heimlichen Helfer, nämlich Medien und Freundeskreis der Kinder.

Welche Einflüsse wirken auf Kinder ein?

Packungsbeilagen von Tampons müssen die Mädchen von heute nicht mehr zu Rate ziehen, um etwas über Sexualität zu erfahren. Ihnen stehen vor allem auch die neuen Medien zur Verfügung, manchen sogar uneingeschränkt. Jungen und Mädchen nutzen die verschiedensten Medien, um sich über Sexualität zu informieren. Während Mädchen hauptsächlich Zeitschriften wie »Bravo« lesen, schauen sich Jungen Comics, Erotikmagazine im Fernsehen, Softpornos und harte Pornografie auf Videos oder im Internet an. Medien spielen für Kinder und Jugendliche im Alter von 8 bis 14 Jahren nach eigenen Angaben neben der Aufklärung durch die Schule die wichtigste Rolle.[12]

Wie reagieren Kinder auf das vielfältige Angebot?

In einer Studie der Bundeszentrale für gesundheitliche Aufklärung wurden Kinder und Jugendliche gefragt: »Im Fernsehen und in Zeitungen kommt ja viel über Sex. Zum Beispiel Küssereien, Bettszenen und Nackte. Wie findest du das für Kinder in deinem Alter?« 85% der befragten Mädchen und 84% der befragten Jungen im Alter von 8 bis 10 Jahren empfinden das als »unpassend« bzw. als »peinlich«. Bei den 11- bis 12-jährigen Mädchen sind es noch 63% und bei den Jungen 46%. Von den 13- bis 14-jährigen Mädchen finden es noch 44% »peinlich« oder »unpassend« und bei den Jungen 26%.[13]

Fasst man die Jungen und Mädchen des 3. bis 6. Schuljahres zusammen, so fällt auf, dass lediglich zehn Prozent der ausländischen Mädchen Sexdarstellungen in den Medien »ganz in Ordnung« finden. Bei den deutschen Mädchen sind es 38%. Deutsche Jungen finden sexuelle Darstellungen in den Medien zu 44% »in Ordnung«, ausländische Jungen zu 43%.[14]

Von 9- bis 12-jährigen Jungen weiß man, dass sie vor allem im Internet nach Darstellungen von Sexualität suchen, die sie sehr stark beschäftigen, über die sie aber mit niemandem sprechen.[15]

Welche konkreten Auswirkungen die »Sexflut« und Tabulosigkeit in den Medien auf Kinder hat, darüber gibt es wenig relevante Forschung. Für Jugendliche stellt die Rheingold-Studie, die keine statistischen Aussagen macht, die These auf, dass sie sich nicht so sehr für bloße Sexualität und entsprechende Stimulation im Fernsehen interessieren. Auch konkrete Sexpraktiken sind für sie nur ein Randaspekt. Ihr Anliegen ist es, etwas über die Liebe und das Leben zu erfahren. Das ist auch der Grund, weshalb Vorabendserien so hoch im Kurs stehen. Hier wird verfolgt, wie eine Beziehung überhaupt geht und welche Probleme andere Jungen und Mädchen damit haben. Zum Beispiel was man macht, wenn man einen Korb bekommt, schüchtern ist, sich nicht traut usw. Harte Sexvideos würden von Jungen eher als eine Art »Mutprobe« konsumiert. Wenn es den Jugendlichen zu unangenehm wird, schalten sie in der Regel ab.

Wie können sich Eltern verhalten?

Heutige Eltern erinnern sich an moralische Reaktionen auf öffentlich gezeigten Sex:

»Sobald im Fernsehen nur eine nackte Brust zu erahnen war, wurde direkt um- oder ausgeschaltet.«
(Ben O., 41 Jahre alt, zwei Kinder)

Direkt ausschalten, wenn eine nackte Frau oder ein nackter Mann gezeigt werden oder das Bett in Sichtweite ist, bedeutet eine klare Position, die Eltern einnehmen können. Aber die Nachricht an die Kinder ist klar: »Das ist nichts für dich!« Und der Reiz, Nacktes oder Bettszenen zu Gesicht zu bekommen, erhöht sich dadurch natürlich ungemein.

Eltern können und sollten ihre Kinder nicht in Watte packen. Hans und Hannah müssen in die Welt gehen und brauchen ihre eigenen Erfahrungen. Die Zahl der fernsehenden Kleinstkinder nachts und morgens aber macht deutlich, dass den Eltern dabei ein hohes Maß an Verantwortung und Fingerspitzengefühl zukommt und daneben ihr eigenes Verhalten ein wichtiger Schlüssel zur Erkundung der Fernsehwelt ist. Viele Kinder schalten ab oder um, wenn es ihnen »zu hart« wird, manche aber nicht. Die einen denken »Opa-Sex«, die anderen sind völlig schockiert. Die Vielfalt der Einflüsse, die auf Kinder (und Eltern) hereinprasseln, aber auch die unterschiedlichen Umgangsweisen mit Medien machen ein ebenso vielschichtiges Verhalten der Eltern nötig. Dabei könnte eine Rolle spielen, wie man sich über die in Frage kommenden Medien informiert. Denn oft besteht bei den Eltern eine diffuse Angst vor diesen Medien. Diffus deshalb, weil sie selbst nicht genau wissen, was eigentlich wann im Fernsehen gesendet wird, worauf die Kinder im Internet stoßen können usw. Je mehr Eltern wissen, wie Medien funktionieren, welchen Chancen und Gefahren ihre Kinder begegnen, umso realistischer und freier wird ihre Haltung dazu.[16]

Ebenso sollten Eltern überlegen, welche Irritationen und Vorbehalte sie selbst haben und darüber auch mit anderen Erwachsenen sprechen, um sich klarer zu werden, was nun gänzlich irrationale Ängste und was wirkliche Gefahren sind.

Was das Internet betrifft, so kann man seine Kinder einfach fragen, was sie dort gern machen, was sie interessiert, und sich zeigen lassen, wie das funktioniert. Gehen Sie gemeinsam online. Erst so können Sie sich eine Meinung bilden und Stellung beziehen. Dabei achten Sie darauf, dass Sie in der Ich-Form sprechen: »Ich finde die Darstellung von nackten Frauen im Internet oder im Fernsehen oft peinlich und entwürdigend.« Diese Formulierung wirkt viel mehr als eine Verdammung von Sex in den Medien in Bausch und Bogen oder eine nicht enden wollende Moralpredigt.

»Heute haben die Medien einen weitaus vielfältigeren Stellenwert als früher. Die kriegen gute und schlechte Sachen mit. Ich finde es nicht klasse, wenn die Vergewaltigungsszenen sehen. Wenn man mitguckt, kann man ausmachen, aber ich halte es für unrealistisch, dass Eltern ständig dabeisitzen. Vielleicht kann es einen Übergang geben, in dem sie eine Zeit lang mitgucken.«
(Matthias R., 43 Jahre alt, zwei Kinder)

Sex in den Medien hat viele Facetten. Vorabendserien, bestimmte Talkshows oder Spielfilme sowie Hardcorepornos beschäftigen sich alle mit dem Thema Sex. Sich gemeinsam mit den Kindern etwas anzuschauen bedeutet nicht, gemeinsam einen Pornofilm zu gucken. Das ist natürlich völlig unangemessen und kommt einer Grenzüberschreitung gleich. Grünewald u.a. sehen in diesem Fall die Gefahr einer Sexualisierung in den eigenen vier Wänden, denen Eltern zu Recht aus dem Weg gehen.[17]

Welche Haltung kann Eltern helfen, ihre Kinder im Umgang mit den Medien zu unterstützen?

- Offenheit und Begleitung

Im Umgang mit Sexualität in den Medien gilt, was für den Umgang mit Sexualität und die eigene Haltung dazu auch im Alltag zählt: Sprechen Sie mit Ihren Kindern über Pornografie, Gewaltdarstellungen und illegale Inhalte im Internet. Zeigen Sie sich ansprechbar und offen, so müssen Kinder keine Angst haben, sich Ihnen anzuvertrauen, wenn ihnen etwas »Komisches« im Internet begegnet oder Freunde ihnen ein schockierendes Pornoheft zeigen. Gehen Sie mit den Kindern die Gefahren z.B. eines Chats durch. Sagen Sie ihnen, dass sie auf keinen Fall ohne Ihr Wissen private Daten wie Telefonnummer, Namen oder Adresse weitergeben sollen.

- Vertrauen:

Es gibt heute keine nationale oder internationale Behörde, die wirksam den Zugriff auf kinder- und jugendgefährdende Inhalte unterbinden könnte. Kinderschutzprogramme, in denen Internetangebote gefiltert werden oder Onlinezeiten eingeschränkt oder der Kontakt im Chat bei bestimmten Fragen unterbrochen werden kann, sind auch eher ein schlechtes Kontrollorgan. Einmal wird natürlich ein gewisses Misstrauen den Kindern gegenüber deutlich, andererseits bestimmen irgendwelche Firmen mit überkommenen Moralvorstellungen über das, was die Kinder sehen. Eltern delegieren die Verantwortung an die Technik, was nicht funktionieren kann.

- Verantwortung übernehmen

Stellen Sie selbst die Regeln auf, welche Sendungen Ihr Kind sehen kann und wann und wie lange es im Internet surfen darf. Treffen Sie feste Vereinbarungen darüber und versuchen Sie, im Kontakt mit den Kindern über die Inhalte zu bleiben. Grenzenloser Zugang zu allem verunsichert die Kinder und macht ihnen lediglich deutlich: Meine Eltern schützen mich nicht.

● Nutzung der positiven Möglichkeiten

Je mehr Kompetenz Kinder und Eltern im Umgang mit den speziellen Medien besitzen, desto eher können sie die positiven Möglichkeiten der Medien nutzen. Alle Medien bieten natürlich auch viele Chancen für Kinder und Jugendliche, sich über Sexualität und Beziehungen zu informieren. Sie können anonym etwa bei »Herzfunk«, der Aufklärungsreihe im Kinderfunk des WDR, bei der »Bravo« und bei Aufklärungsangeboten im Internet (siehe auch im Anhang dieses Buches) ihre Fragen stellen und sich informieren. Sie können in speziellen Fernsehsendungen sehen, wie andere das mit der Liebe und der Beziehung machen, und sich überlegen: Wie würde ich selbst es machen?

8. Kapitel

Liebe, Sex und noch viel mehr ...

Was wollen Kinder wann wissen?

Aufklärung als Teil des Alltags

*»Aufklärung ist nicht so ein Ereignis, das ist immer da.«
(Sebastian K., 37 Jahre alt, ein Kind)*

Aufklärung ist eingebettet in unser Leben, ausgesprochen und unausgesprochen. Viele kleine und große Gespräche, Ereignisse und Verhaltensweisen gehören dazu.

Kinder wollen nicht immer alles wissen

Manche Erwachsene treten heute mit einem Rucksack voller guter Vorsätze die Aufklärung ihrer Kinder an: »Unsere Kinder sollen auf jede Frage eine Antwort bekommen.« – »So unwissend wie ich sollen sie nicht aufwachsen.« – »Sie sollen nicht als Vollidiot oder Idiotin vor der oder dem ›Angehimmelten‹ stehen und nicht wissen, wie ›es‹ geht.«

Die eigene, als unzulänglich empfundene Aufklärung hat im Übrigen auch Teile der Generation davor gelehrt. So meint ein Großvater von heute:

*»Man kann nie zu viel sagen, denn die Kinder behalten ja nur, was sie im jeweiligen Entwicklungsstadium kapieren. Man kann also auch durch zu ausführliche Aufklärung kein Unheil anrichten.«
(Götz K., 78 Jahre alt)*

Selbst erlebte Peinlichkeiten sollen den Kindern von heute erspart bleiben. Das in späten Jahren mühsam erworbene Wissen soll den Kindern leicht und in frühen Jahren zugute kommen. Ausführliche, genaue und sachliche Erklärungen über den weiblichen Zyklus, die männliche Erregungskurve oder die Entwicklung der Babys halten Einzug in die Kinderzimmer. Aus dem einen Aufklärungsgespräch werden viele.

Nach recht kurzer Zeit kann der »aufklärerische Eifer« jedoch jäh gebremst werden. Die »wohlmeinenden« Eltern reden über die Interessen der Kinder hinweg. Thema verfehlt. Oder eben doch: Zu viel erklärt! Denn Kinder wollen nicht immer alles wissen. Und häufig vor allem nicht das, was Erwachsene über Liebe, Sexualität und Fortpflanzung loswerden wollen. Oft haben sie nur eine kurze Frage und dazu wünschen sie sich eine klare Antwort. Manchmal nur ganz knapp, dann ist die Neugier erst einmal befriedigt. Im nächsten Moment ist der Fußball oder der Kanarienvogel viel wichtiger.

Über-erklärt

»Ich war acht Jahre alt, meine Brüder sieben und zehn, da kam es bei uns zu diesem unvermeidlichen Gespräch, wo es dann darum ging: Wie kommt der Samen an die Eizelle? So viel hatten wir schon kapiert. Meine Mutter hat uns erklärt, wie Geschlechtsverkehr funktioniert, und da war ich zutiefst geschockt. Ich fand das einfach nur ekelhaft, diese Vorstellung. Und ich dachte: Nein, das mach ich niemals.«
(Susanne B., 41 Jahre alt, zwei Kinder)

Manche jüngere Kinder reagieren mit Schrecken, wenn sie erfahren, wie es wirklich ist. Ekelig und peinlich ist ihnen die Vorstellung, dass der Penis in die Scheide geht oder die Zunge in den Mund eines anderen. Den 5- bis 10-Jährigen ist dann sonnenklar: »Das ist nichts für mich«, und sie wenden sich ab.

Es muss nicht Übermotivation sein, aber es kann passieren, dass Eltern übers Ziel hinausschießen, ohne es zu wollen. Fragen Sie nach dem Grund, wenn Kinder einen Tag später erklären:

»Ich will aber nicht heiraten.« Vielleicht hören Sie dann, dass das Kind »den Penis nicht in die Scheide stecken« will. So ergibt sich die Chance, Missverständnisse zurechtzurücken und Ängste aus der Welt zu schaffen. Wenn Eltern bemerken, dass die Kinder schockiert sind ob der Vorstellung des Geschlechtsverkehrs, sollten sie klarstellen, dass Kinder das auch nicht machen und es normal ist, dass sie das in ihrem Alter eklig finden.

Was interessiert in welchem Alter?

Welche Portion an Aufklärung kann wann serviert werden? Wann sind die Kinder überhaupt so weit, Erklärungen über körperliche und sexuelle Abläufe zu verstehen? Wann sind sie noch eher schockiert, wenn sie erfahren, dass der Mann den Penis in die Scheide der Frau steckt? Die Sexualforscherin Renate Volbert hat vorhandene Untersuchungen ausgewertet und einen Entwicklungsverlauf über das Sexualwissen und -interesse von Kindern zusammengestellt:[1]

Bis 2 Jahre	keine Fragen zu sexuellen Themen
2-3 Jahre	Fragen zu genitalen Unterschieden, Geschlechtszuordnungen werden getroffen
3-4 Jahre	Fragen zum Ursprung von Babys
4 Jahre	Basiswissen über Schwangerschaft
5-6 Jahre	Fragen zur Geburt
8 Jahre	Fragen zu Empfängnis und Geschlechtsverkehr
9-11 Jahre	Wissen über Empfängnis und Geschlechtsverkehr

Das Kinder-und-Jugend-Telefon der Bundeszentrale für gesundheitliche Aufklärung und des Deutschen Kinderschutzbundes registrierte die Themenbereiche, die ihre Anrufer und Anruferinnen interessierten: Dabei waren für alle Altersgruppen (8- bis

25-Jährige) Fragen zu den Themen Partnerschaft und Liebe am wichtigsten. 24,5% der 8- bis 13-Jährigen, 38,85% der 14- bis 25-Jährigen interessieren sich dafür. Die meisten Anrufer wollten über »Verliebtheit« und »Kontaktwunsch« sprechen.[2]

Das deckt sich mit den Beobachtungen, dass Pubertierende sehr gerne Vorabendserien sehen, um etwas über Beziehungen zu erfahren. Sie sind auf der Suche nach einer »Liebes- und Lebensschulung«.[3]

In der WDR-Hörfunk-Reihe »Herzfunk«, die sich an 6- bis 12-Jährige richtet, ist Spitzenreiter unter den Fragen, wie eigentlich ein Zungenkuss geht, mit anderen Worten, was macht man, wenn man sich näher kommt? Wie kann man sich in der unbekannten Welt der Körperlichkeit richtig verhalten?

Wir haben keine Statistik erstellt, da wir von manchen Kindern, die ihre Fragen per Telefon oder E-Mail stellen, das Alter oder das Geschlecht gar nicht wissen. Doch beispielhaft können wir sagen, dass die 7- bis 8-Jährigen etwas über den eigenen Körper und den des anderen erfahren wollen: Wie ist er heute? Was kommt auf mich zu? Sie wollen wissen, wie sie die Gefühle, die kommen oder schon da sind, einordnen sollen, und interessieren sich für Begriffe, die sie bei Älteren aufschnappen: Wie bekommt man Kinder? Warum lachen manche über den Begriff »Sex« und das Wort »Liebe«? Was ist Selbstbefriedigung? Was ist die Vorhaut? Was sind Prostituierte? Was ist Petting? Was passiert bei der Beschneidung? Wie fühlt sich die Liebe an?

9- bis 11-Jährige suchen zum Teil schon konkretere Handlungsanweisungen in dem Sinne: Was muss man machen im Reich der Liebe, was kommt da auf mich zu? Sie fragen sich, ob es etwas gibt, was man als Junge oder als Mädchen beim Sex beachten muss, wie man sich eine Freundin angelt und warum der Pimmel bei den Jungs eigentlich groß wird.

An den Fragen von Zwölfjährigen ist ablesbar, dass sie zum Teil sexuelle Erfahrungen mit anderen haben oder sich jedenfalls detaillierter damit auseinander setzen: »Was ist ein Orgasmus?«, »Wieso schämt man sich, wenn man nackt ist?«, »Was ist eigentlich der Kitzler?«, »Warum wollen Jungs erst so spät was von Mädchen wissen?«.

Die Sexualforscherin Petra Millhoffer[4] u.a. legten 8- bis 14-Jährigen eine Liste mit Themen aus dem Bereich Sexualität vor und fragten: Worüber möchtest du gerne mehr wissen? Spitzenthema der Mädchen unter 11 Jahren ist demnach Schwangerschaft (35%). Die Jungen dieses Alters interessieren sich am meisten für Sex (32%). Grundsätzlich fiel auf, dass die Mädchen überhaupt mehr wissen wollten als die Jungen. Sie hatten deutlich mehr Themenbereiche angekreuzt. Wissen die Jungen einfach mehr? Da sprechen andere Studien dagegen.[5] Können sie also weniger zugeben, dass sie mehr wissen wollen? Oder sind sie wirklich weniger interessiert? Mit zunehmendem Alter wurde für Jungen und Mädchen die Frage nach den Risiken von Sexualität interessant. 34% der 11-jährigen Jungen wollten sich über Aids informieren und 45% der 11- bis 12-jährigen Mädchen.

Während diese Zahl bei den Mädchen zwischen 13 und 14 auf 69% ansteigt und sogar 75% der Mädchen dieses Alters etwas über Vergewaltigung wissen wollen, gilt das Hauptinteresse der 13- bis 14-jährigen Jungs wieder dem Thema Sex.

Auch diese Ergebnisse lassen zunächst nur Spekulationen zu: Fühlen sich die Mädchen mehr von außen bedroht? Fühlen sich die Jungs mehr unter Druck, etwas »bringen« zu müssen? Oder sind sie einfach sorgloser und dominiert der Spaß an den neu gewonnenen körperlichen Möglichkeiten?

Die SexualforscherInnen sind der Auffassung: »Jungen benötigen … eher eine ›Liebesschule‹ für die Beziehungsgestaltung und die Einfühlung in andere. Mädchen sind demgegenüber zur offensiveren Durchsetzung ihrer Wünsche und zum Mut zur Kritik am ›Angebeteten‹ zu befähigen.«[6]

Was bedeutet das alles für die Eltern?

Wie können Eltern aufklären?

Folgt man den Fragen der Kinder, so wird deutlich, dass sie anders denken, als Erwachsene manchmal glauben, und zwar viel direkter, unmittelbarer und gefühlsbetonter. Die Erklärungen der Erwachsenen über die klassischen, technischen Abläufe und Vorgänge des Kinderkriegens, Verhütens und des weiblichen Zyklus sind für Kinder durchaus interessant. Doch die damit verbundenen Gefühle und Befindlichkeiten bleiben bei den elterlichen Ausführungen meist außen vor.

Kinder aber wollen wissen: Bin ich normal? Bin ich so, wie ein Junge oder ein Mädchen sein muss, um dazuzugehören? Was hat das, was ich über Sexualität erfahre, mit mir zu tun? Und auch: Wie kann ich mich schützen?

Erinnerungen der Erwachsenen

Weil auf allen Kanälen offener über Liebe und Sexualität geredet wird als früher, erfahren Kinder heute viel eher etwas darüber. Doch auch, wenn die »Aufklärung« heute in freizügigerem Gewand daherkommt, sind ihre Grundfragen und Grundängste dieselben wie die früherer Kindergenerationen. Wenn Erwachsene sich an ihre Fragen aus der Kindheit erinnern, ist es also hilfreich zu überlegen: Was war meine Neugier damals? Was wollte ich wissen?

»Ich hätte gerne gewusst, warum meine Mutter rot wurde, als ich ihr das blaue Bändchen zwischen den Beinen rausziehen wollte.« *(Johanna M., 39 Jahre alt, drei Kinder)*

»Ich hätte gerne mehr über Homosexualität gewusst. Weil Homosexuelle mich attraktiv fanden. Ich fand die auch immer spannend und habe mich später lange mit der Frage beschäftigt, ob ich homosexuell bin. Mein Onkel war schwul, davon wusste ich lange nichts.

Meinen Kindern erzähle ich darüber. Ich zeige denen Schwule und darüber entwickeln sich Gespräche.«
(Sebastian K., 37 Jahre alt, ein Kind)

»Ich hätte gerne Worte für die männlichen und weiblichen Geschlechtsteile gehabt.«
(Sabine L., 42 Jahre alt, zwei Kinder)

»Ich hätte gern etwas über ›feuchte Träume‹ gewusst. Darüber bin ich nicht aufgeklärt worden. Es war mir unangenehm meiner Mutter gegenüber, weil sie meine Wäsche gewaschen hat. Am Anfang habe ich gedacht, ich hätte mir in die Hose gemacht. Wenn mein Sohn so weit ist, möchte ich gern mit ihm darüber sprechen. Ich will ihm erzählen, was ich selbst erfahren habe und was mir unangenehm war.«
(Lothar M., 40 Jahre alt, zwei Kinder)

Auch heutige Erwachsene wollten in ihrer Kindheit wissen: Was ist mit meinem Körper? Was ist mit dem des anderen? Oder auch: Warum schämen meine Eltern sich, mit mir über die Periode zu sprechen? Was für Arten zu lieben gibt es? Oder: Was bedeutet ihr Schweigen für mich?

Fragen und Aussagen der Kinder

Erstellte Pläne über die Wissbegier oder das konkrete Sexualwissen von Kindern und Jugendlichen helfen nur bedingt bei der Frage weiter, wann für die Kinder der richtige Zeitpunkt für die Aufklärung ist. Soll ich heute, morgen oder übermorgen mit ihm oder ihr über die Lust und die Liebe sprechen? Wann ist mein Kind reif dafür?

»Wenn ein Kind alt genug ist für die Frage, dann ist es auch alt genug für die Antwort.«
(Sexualaufklärer Oswalt Kolle)[7]

»Wenn mein 7-jähriger Sohn z.B. sagt: ›Jungs poppen‹, oder ›schwul‹ oder ›cool‹, dann frage ich nach. ›Was meinst du eigentlich damit?‹ Ich möchte dann wissen: Was stellt er sich darunter vor? – Weiß er, was damit gemeint ist? Dann überlege ich: Muss er das jetzt genau wissen? Oder hat das noch Zeit oder meint er vielleicht etwas anderes? Ich bemühe mich, überhaupt ein Gespräch möglich zu machen. Ich möchte die Kinder nicht ausfragen, aber ein Klima schaffen, dass sie sich trauen, weiter zu fragen.«

(Agatha S., 42 Jahre alt, zwei Kinder)

Oft sind es ein kleiner Anlass, eine kleine Beobachtung, die eine Frage aufwerfen, z.B. der Kondomautomat in der Toilette der Autobahnraststätte, der Blick auf die Brust der Mutter, während sie unter der Dusche steht, der dicke Bauch einer Frau auf der Straße oder die Überlegung: Wieso hat meine Mama den Papa geheiratet und nicht jemand anderen? Eltern sollten die Chance ergreifen und versuchen zu antworten, dem Alter der Kinder entsprechend. Einer Fünfjährigen, die nach Kondomen fragt, kann man erklären, dass sie dazu da sind, damit man keine Kinder bekommt, wenn man keine möchte. Man kann sagen, dass sie verhindern, dass der Samen des Mannes in die Scheide der Frau fließt. Ein Zehnjähriger will durchaus mehr wissen: Wie ist das mit der Sicherheit von Kondomen? Und welche Bedeutung haben sie, um Krankheiten zu verhindern?

Eltern müssen keine Experten sein

Eltern müssen keine Sex-Experten sein, um ihre Kinder aufzuklären. Auf manche Fragen wissen sie vielleicht selbst keine Antwort. »Wie war die Liebe in der Steinzeit?« – »Warum haben Männer Brustwarzen, die müssen doch keine Babys stillen?« – »Warum wird der Pimmel groß?« – »Warum sind die Eier bei Jungen außen und bei Mädchen innen?«

Das ist nicht schlimm. Wir wissen tatsächlich vieles nicht und das sollten wir auch zugeben. Wichtig ist es, die Fragen aufzugreifen und nach einer Antwort zu suchen, sich schlau zu machen oder gemeinsam mit dem Kind ein Buch anzuschauen.

Keine Lügen

Manchmal fällt es schwer, einzuschätzen, was ein Kind schon verstehen kann. Die theoretischen Abhandlungen eher nicht. Das Märchen vom Klapperstorch ist gelogen. Spätestens im Kindergarten wird dem Kind auffallen, dass da was nicht stimmt. Das Vertrauen zu den Eltern wird einer Unsicherheit weichen.

Wenn es richtige Antworten gibt, sollte man auch bemüht sein, sie den Kindern zu geben. »Ist Sex zum Leben notwendig?« – »Nein, es geht durchaus ohne.« Die Gegenfrage an das Kind: »Machst du dir darüber Gedanken?«, berücksichtigt, dass die Kinder sich eventuell Sorgen machen, und gibt Gelegenheit, darüber zu reden. Ehrlich ist auch, zu sagen: »Es fällt mir schwer, darüber zu reden, weil ich das nicht gelernt habe.« So können Kinder das Stottern und Zögern der Eltern besser einordnen.

An Bekanntes anknüpfen

Um nicht in abstraktes Dozieren zu geraten, hilft die Überlegung: Was kennt das Kind? Woran kann ich anknüpfen? Was versteht es?

Nicht immer gibt es einen passenden Vergleich aus der Welt des Kindes. Einfach ist es bei der Frage nach der Größe der Babys im Bauch: Hier lassen sich Parallelen mit Dingen finden, die das Kind kennt und die bei der Vorstellung helfen: Ein 7 Wochen altes Baby ist so groß wie eine Bohne, ein zwei Monate altes so groß wie eine Erdbeere usw.

Und wenn es um die Liebe geht:

»Du Holger, sag mal, wie is'n das, wenn man verknallt ist?«, fragt der 9-jährige Ben seinen 13-jährigen Bruder leise. Und Holger

nimmt Ben zunächst hoch. Erst als er merkt, dass es dem kleinen Bruder ganz ernst ist, antwortet er: »Also, wenn man verknallt ist, dann denkt man dauernd an das Mädchen. Und es ist so, als ob man Bauchweh hat. Wirklich.« Was Holger sagt, stimmte tatsächlich. Ben spürt, wie sein Bauch spannt oder seine Brust. Oder wie ihm überhaupt alles ein bisschen wehtut.[8]

Geschichten erzählen

Wenn man Gefühle erklären will, gibt es kein »richtig« oder »falsch«. Jeder von uns hatte ganz bestimmte Erlebnisse, die meist sehr persönlich und individuell unterschiedlich sind. Aber sie sind glaubhaft und spannend und machen deutlich, dass die Bandbreite des »Normalen« groß ist.

Von sich zu erzählen ist nicht so einfach. Dabei geht es nicht darum, den Kindern seine sexuellen Erlebnisse mitzuteilen. Aber es kann die Kinder beispielsweise entlasten, zu wissen, dass der Vater auch schon mal Liebeskummer hatte oder in eine peinliche Lage gekommen ist, in der er nicht wusste, was er machen sollte. Solche Geschichten sind für Kinder viel anschaulicher, als abstrakte Erklärungen. Und sie lernen: Die Liebe hat viele Seiten, auch peinliche, und das ist normal.

Vertrauen ist Voraussetzung

Kinder fragen, wenn sie Vertrauen haben.

Wo eine vertrauensvolle Atmosphäre fehlt, bleibt auch die Sexualaufklärung auf der Strecke:

»Während bei einer als ›gut‹ bezeichneten Vertrauensbasis 78% der Mädchen und 70% der Jungen im Elternhaus aufgeklärt werden, sinkt die Zahl bei als ›mittelmäßig‹ bezeichneter Vertrauensbasis auf 69% bei den Mädchen und 57% bei den Jungen. Wird das Vertrauen als ›schlecht‹ bewertet, sind es nur noch 40% der Mädchen und 23% der Jungen, die zu Hause aufgeklärt werden.«[9]

Verglichen mit Kindern aus deutschen Familien scheint das Vertrauen in die Eltern bei Kindern aus Migranten- und Aussiedlerfamilien noch geringer zu sein.[0]

Kindern Vertrauen zu geben bedeutet, sie zu respektieren mit ihren Fragen, Wünschen und Gefühlen. Eltern sollten sich nicht über ernst gemeinte Fragen oder Bekenntnisse lustig machen oder sexuelle Themen und Handlungen mit Schweigen oder gar Drohungen beantworten. Das wäre der sicherste Weg, den offenen Kontakt zu versperren.

»Wenn Eltern sagen: ›Mein Kind stellt keine Fragen nach Sexualität‹, dann glaube ich, dass diese Eltern ihren Kindern unbewusst ein Schweigegebot auferlegen. Diese Kinder spüren ganz genau, was sie fragen dürfen und was nicht.«
(Sabine L., 42 Jahre alt, zwei Kinder)

Wenn Kinder gar keine Fragen nach Sexuellem stellen, sollten Eltern sich fragen: »Verhindern wir das?« – »Sparen wir beim Waschen die Geschlechtsteile in der Benennung aus?« – »Geben wir dem Kind zu verstehen, dass es sich nicht am Pimmel oder am Kitzler berühren darf?« – »Signalisieren wir unserem Kind, dass es mit sexuellen Fragen nicht kommen kann?« – »Gehen wir nicht darauf ein?« – »Werfen wir ihm strafende Blicke zu?« – »Machen wir uns lustig über seine Probleme?« Wenn das so ist, setzen Sie sich mit Ihrer eigenen Haltung auseinander. Versuchen Sie mit Erwachsenen darüber zu reden, wie Sie mit Ihren eigenen Hemmungen anders umgehen können.

Wenn die Pubertät kommt

»Mit kleinen Kindern kann man sehr viel lockerer über Sexualität reden. Die sind einfach neugierig und unvorbelastet. Das wird in der Pubertät sehr viel schwieriger. Die Kinder werden größer und die Sexualität bekommt eine andere Bedeutung. Sie wollen Gesprä-

che darüber nicht mehr mit der Mutter oder dem Vater führen,
sondern mit dem Freund oder mit der Freundin.«
(Michaela U., 43 Jahre alt, zwei Kinder)

In der Studie der Bundeszentrale für gesundheitliche Aufklärung zur Jugendsexualität[11] wird deutlich, wie wichtig es ist, in kontinuierlichem Kontakt zu den Kindern zu stehen. Zum einen wird Körperlichkeit so zu einem Thema, das zum Leben dazugehört, zum anderen kommen Erklärungen nicht erst, wenn die Kinder bereits sexuelle Erfahrungen gemacht haben.

Nur 13% der Mädchen und 8% der Jungen informierten einen ihrer Eltern vorher über ihr »erstes Mal«. Das Thema Verhütung erst aus akutem Anlass zu besprechen ist demnach bei 87% der Mädchen und 92% der Jungen schlicht zu spät.

»Ich warte nicht ab, bis die Kinder fragen. Ich finde das zu spät.
Ich bin der Meinung, dass oft schon ganz viel abgelaufen ist, wenn
Kinder Fragen formulieren. Was die nicht verstehen, das legen die
erst einmal weg. Entweder kommen da noch Fragen nach oder sie
verstehen beim nächsten Mal mehr. Ich will nicht, dass es für die
Kinder so ein mühsames Geschäft ist, Fragen zu stellen.«
(Margot B., 42 Jahre alt, zwei Kinder)

Trotz der sich verändernden Situation in der Pubertät sollten Eltern sich nicht einfach zurückziehen. Begleitung, Ansprechbarkeit und ein offenes Klima zu Hause werden jetzt besonders wichtig. Die Jugendlichen machen neue Erfahrungen mit ihrem Körper und körperliche Erfahrungen mit anderen. Eltern sollten versuchen, den Balanceakt zwischen respektvollem Abstand und offenem Ohr hinzukriegen. Hilfreich können Absprachen mit den Jugendlichen sein. Nicht mehr ohne anzuklopfen ins Zimmer reinzuschneien ist etwas, worüber man sich verständigen kann. So wird die Zurückhaltung der Eltern von den Kindern nicht als Desinteresse ausgelegt. Eltern können Kindern durchaus ein Aufklärungsbuch schenken und den Kindern damit signalisieren: »Ich weiß, dass du etwas wissen möchtest, aber vielleicht nicht unbedingt von mir und das respektiere ich.« Es gibt auch kein Wartegebot, das Eltern so lange zu schweigen auferlegt, bis die Kinder eine Frage stellen. Machen Sie ein Gesprächsangebot und bringen Sie Themen zur Sprache, die Ihnen wichtig erscheinen. Aber fahren Sie auch Ihre Antennen aus für die Wünsche der Kinder nach Austausch einerseits und nach Abgrenzung andererseits.

»Das Gespür, das ich dafür brauche, um zu merken, was ich wann meinem Kind erzähle, das nimmt mir keiner ab. Das gilt aber auch für alle anderen Themen, zu merken, wann ich meinem Kind auf den Geist gehe.«
(*Burkhard B., 44 Jahre alt, zwei Kinder*)

9. Kapitel

Privatsachen

Grenzen sind für alle wichtig

»Bloß nicht zu viel Aufklärung«, warnten mich vor allem die Väter, die ich interviewt habe. »Keine Zwangsaufklärung.« – »Mit Worten kann man das eh alles nicht vermitteln.« – »Kinder müssen ihre Erfahrungen selber machen.« Ganz entschieden wiesen sie auf die Grenzen hin, die es, was das Thema Sexualität angeht, in der Kommunikation zwischen Eltern und Kindern geben müsse.

Ich habe mich gefragt, warum diese Skepsis vor allem bei den Männern besteht. Warum ist es ihnen viel mehr als den Frauen daran gelegen, dass ihre Kinder nicht zu viel erfahren? Ist für sie das Motto »Ein Cowboy muss selber sehen, wie er im Wilden Westen zurechtkommt« ausschlaggebend? Oder hat ihre große Sorge vor »Über-Aufklärung« damit zu tun, dass auch für sie als Kind die Aufklärung meist von der Mutter übernommen wurde, also vom »anderen Geschlecht«? Und das gilt es ja für die Jungen erst zu erkunden. Ist die Scham vor dem anderen Geschlecht größer, weil der weibliche Körper dem eigenen so fremd ist? Und könnten Söhne deshalb die Aufklärung durch den Vater eher akzeptieren? Meinen die Männer also, wenn sie vor einem Zuviel an Aufklärung warnen, ein Zuviel an *mütterlicher* Aufklärung?

Folgt man den Befragungen der Bundeszentrale für gesundheitliche Aufklärung, ist die Hauptaufklärungsperson für die Jungen die Mutter. Sie wird sogar ganz knapp als »Aufklärerin« vor dem Vater bevorzugt.[1] Vertrauenspersonen für sexuelle Fragen sind für Jungen die Mütter (47%), andere Jungen (45%) und dann kommt erst der Vater (40%). Diese Zahl kommt mit Sicherheit auch dadurch zustande, dass der Vater, weil seltener anwesend, für viele gar nicht als Alternative vorstellbar ist.

Bedenkt man, dass Sexualaufklärung im engen Zusammenhang mit Vertrauen steht, sind die folgenden Zahlen geradezu niederschmetternd: Auf die Frage:»Kannst du mit deinem Vater sprechen, wenn du mal Kummer hast?«, antworteten nur 5% der deutschen Jungen mit»Ja« und 2% der ausländischen Jungen. An die Mutter können sich nach eigenen Aussagen 21% der deutschen und 14% der ausländischen Jungen wenden. 17% der deutschen Jungen sind der Auffassung:»Ich brauche keinen« – eine Meinung, die von den ausländischen Jungen immerhin 33% vertreten.

Mehr, als das bei Mädchen der Fall ist (29%), suchen Jungen (39%) *allein* Gleichaltrige als Vertraute.[2] Vielleicht weist dies darauf hin, warum Jungen bei der Frage, worüber sie mehr erfahren möchten, so viel weniger Neugier zeigen als Mädchen.[3] Sie wollen über ihr Intimleben selbst die Regie führen. Mit gleichaltrigen Jungen lässt sich halt auf gleicher Augenhöhe sprechen, man kann Wissen erwerben und sich etwas aneignen, ohne als »dummer Junge« dazustehen.

Wenn Frauen Einwände gegen Aufklärung haben, so tragen die eher romantische Züge; Aufklärung ja, aber die hässliche Seite der Liebe soll nicht mit erklärt werden.»Wenn man Kindern Sexualität erklärt, wie sie wirklich ist, sterben die schönen Gefühle«, heißt es da.

Dahinter steckt einerseits die Sorge, die Kinder durch zu realistische Beschreibungen von erwachsener Sexualität zu verängstigen, andererseits, sie durch die Warnung vor dem»fremden Mann«, der böse sexuelle Absichten hat, zu verunsichern.

Dennoch stehen die meisten Frauen der Aufklärung ihrer Kinder offener gegenüber als die Männer. Wie ist das zu erklären? Und wieso wollen junge Mädchen mehr wissen als gleichaltrige Jungen? Macht es Frauen und Mädchen selber weniger aus, Hilfe anzunehmen? Fühlen sie sich weniger in ihrer Fraulichkeit bedroht, wenn sie»mal fragen«?»Einem Cowgirl hat ja noch immer jeder gern geholfen!«

Auch 13- bis 14-jährige Mädchen suchen gleichaltrige Mädchen als Vertrauenspersonen für sexuelle Fragen (49%). Darüber hinaus geben 67% der 14- bis 17-Jährigen auch die Mutter als Vertrauensperson an. Den Vater übrigens nur 13%. Wenn also Mütter die Aufklärung ihrer Kinder ganz offensichtlich wichtiger finden als Väter, ist es wohl weniger der Wunsch nach unverkrampftem Umgang mit dem Thema Sexualität als das Bedürfnis, die Kinder durch Aufklärung vor realen Gefahren wie Aids, ungewollte Schwangerschaft oder Missbrauch zu schützen.

Was Kinder nicht wollen

Die schlechten Erinnerungen der Interviewpartner an zu viel Aufklärung stammen allesamt aus dem Jugendalter. In dieser Zeit wird Erwachsenensexualität für die Kinder selbst aktuell. Eine Abgrenzung von den Eltern ist deshalb notwendiger als zuvor:

»Einmal kam ich von der Arbeit nach Hause und meine Mutter saß weinend in der Küche. Ich fragte sie, was los sei. Sie antwortete darauf nicht. Ich ging hoch in mein Zimmer und sah, dass sie die Softpornos, die ich unter der Matratze hatte, demonstrativ auf mein Bett gelegt hatte. Da war mir klar, dass meine Mutter aus dem Grund da saß und heulte, weil ich diese Heftchen hatte. Ich glaube, dass das für sie ein totaler Schock war. Für meine Mutter war das teuflisch, moralisch ganz schlimm. Ich hätte gerne gehabt, dass sie gar nicht reagiert hätte. Das sollte kein Thema sein zwischen mir und meinen Eltern. Ich würde solche Heftchen heute, bei meinen Kindern, wieder dahin zurücklegen, wo sie waren.«
(Peter M., 43 Jahre alt, zwei Kinder)

»Als ich zwölf war, wollte ich das Aufklärungsgespräch gar nicht mehr. Ich hätte mir das nicht schön vorgestellt. Das wäre so ein ›Rumgedruckse‹ gewesen. Später, wenn meine Mutter mal Bemerkungen in die Richtung machte, war mir das sehr unangenehm. Ich dachte: ›Die weiß vielleicht, dass ich onaniere.‹ – Mütter sollten

kein Taschentuch unters Kopfkissen legen. Damit meine ich: Sie sollten sich nicht so positionieren, dass die Kinder das Gefühl haben: ›Die wissen, was ich tue.‹ Ich finde es ganz unangenehm, wenn ich das Gefühl haben muss: ›Meine Eltern wissen über meine Fantasien Bescheid.‹«
(Anton S., 41 Jahre alt, ein Kind)

Nicht von meinen Eltern

»Ich hätte gerne mehr gewusst über Sex, über Frauen, über Erotik, über das komplette Paket. Aber nicht von meinen Eltern.«
(Robin S., 40 Jahre alt, zwei Kinder)

Was im kindlichen Alter noch unter dem Vorzeichen »Forscherdrang« unbefangen behandelt werden kann, bekommt für die »Kinder« im Jugendalter einen persönlichen Bezug. Vorher trennte die Unterscheidung: hier Kind, da Erwachsener. Jetzt, wo die Jugendlichen sich selbst anschicken, erwachsen zu werden, fällt dieser Schutz mehr und mehr weg. Eine andere Art von Abgrenzung wird notwendig.

»Es sollte nicht alles unter dem wohlwollenden Blick der Eltern stattfinden. Dann können Jugendliche sich über ihre Sexualität von ihren Eltern kaum noch abgrenzen. Wir hatten ja noch gedacht: ›Die tun das ja nicht mehr.‹ Heute wissen die Jugendlichen, dass die Eltern das auch noch tun.«
(Rainer Neutzling, Autor)[4]

Kinder zeigen Grenzen

Kinder haben ein gutes Gespür für Situationen und Gespräche, mit denen sie nichts zu tun haben wollen:

»Meine Tochter wollte früher immer, dass wir nachts die Türen auflassen. Ihre Türe und unsere Türe. Wir haben das auch immer

so gemacht. Sie schlief so fest, da konnte man eine Kanone daneben abfeuern. Irgendwann kam sie zu mir und sagte: ›Mama, wenn ihr miteinander vögelt, könntet ihr nicht die Türe zumachen, ich wache jedes Mal auf.‹«
(Bärbel A., 44 Jahre alt, ein Kind)

»Themen wie Sexualität zum Beispiel sollten Eltern nicht ansprechen. Die machen das nur lächerlich. Ich kümmere mich doch auch nicht darum, was meine Eltern im Bett machen.«
(Hans, 14 Jahre)[5]

Was Kinder nicht sagen wollen

Genauso wenig, wie sie Teilnehmer oder Teilnehmerinnen an der elterlichen Sexualität sein wollen, möchten viele Kinder und Jugendliche ihre Eltern an ihren emotionalen und körperlichen Empfindungen teilhaben lassen:

»Ich könnte meinem Vater nicht sagen, dass ich in einen Jungen verliebt bin, den er sehr gut kennt.«
(Gunda, 14 Jahre alt)

»Für meinen 12-jährigen Sohn Markus sind Mädchen und Freundin schon ein dickes Thema. Wenn ich ihn z.B. frage, wer aus der Clique mit wem geht, dann sagt er ganz selbstverständlich: ›Das ist Privatsache.‹«
(Sabine L., 42 Jahre alt, zwei Kinder)

Sexuelle Neugier, Liebe und sexuelles Begehren sind für viele 8- bis 14-Jährige schon ein »Geheimgefühl«.[6] Statements wie das des 12-jährigen Markus sind unmissverständlich ein riesiges Stoppschild für Eltern.

Schamgrenzen

Die reservierte Haltung der männlichen Interviewpartner gegen zu viel Aufklärung macht deutlich: »Bitte respektiert unsere Grenzen bzw. die Grenzen der Kinder.« Es besteht große Angst, in eine peinliche Lage zu kommen, in der man vor Scham am liebsten in den Boden versinken würde.

Der Sinn von Scham

Schamgefühle, das lehren uns auch kulturübergreifende Studien immer wieder, sind notwendig für das menschliche Zusammenleben. Scham ist universell. Auch bei Naturvölkern, deren Mitglieder nackt herumlaufen, gibt es feste Regeln: Eine Bemalung, ein Schmuckstück, eine Maske können symbolische Kleidung sein. Bei den Alten Griechen traten die Olympiakämpfer nackt zu den Spielen an. Doch das taten sie nur vor ihren Geschlechtsgenossen. Frauen waren im Stadion nicht zugelassen. Und auch wir kennen Schamgefühle, wenn wir uns scheinbar locker in die Sauna oder an den FKK-Strand begeben. Spätestens wenn jemand länger als nur flüchtig seinen Blick auf unserer »Scham« ruhen lässt, werden wir nervös und wünschen uns ein Handtuch oder den »Glotzer« zum Teufel.

Scham ist die Hüterin der Privatsphäre. Scham bedeutet Schutz. Ein Kind, das sich nicht mehr ungeniert nackt zeigen möchte, möchte sich schützen und dieser Wunsch sollte unbedingt von seiner Umwelt respektiert werden.

Interessante Aufschlüsse zur unterschiedlichen Schamhaftigkeit von Jungen und Mädchen gibt die Studie der Diplompsychologin Bettina Schuhrke »Kindliche Körperscham und familiale Schamregeln«.[7] Schuhrke und ihre Mitarbeiterinnen befragten 41 Familien mit Kindern zwischen vier und neun Jahren.

»Jungen schämen sich mehr als Mädchen vor Personen weiblichen Geschlechts. Jungen halten sich mehr zurück bei weiblichen Personen als Mädchen, und Mädchen tun dies mehr als Jungen bei männlichen Personen. Unerwarteterweise schämen sich jedoch beide Geschlechter in gleicher Weise vor männlichen Personen.« Und: »Jungen schämen sich früher vor weiblichen Personen als vor männlichen.«[8]

Das ist umgekehrt bei Mädchen nur andeutungsweise der Fall. Die Autorinnen sehen den Grund für die größere Schamhaftigkeit der Jungen weiblichen Personen gegenüber einerseits in der Dominanz der Mutter in der Erziehung: Wenn Jungen in die männliche Geschlechtsrolle hineinwachsen, sind sie gezwungen, sich gegen Personen weiblichen Geschlechts und von einem typisch weiblichen Rollenverhalten abzugrenzen. Auch sind Jungen, anders als Mädchen, ständig mit der engen Betreuung durch das Geschlecht konfrontiert, auf das später in der Regel ihre sexuelle Orientierung gerichtet sein soll. Andererseits aber soll jede sexuelle Erregung aus familiären und kindlichen Abhängigkeitsbeziehungen herausgehalten werden. Das heißt, dass die Scham den Jungen zu einer notwendigen Abgrenzung von der Mutter oder eben weiblichen Bezugspersonen dient. Im Übrigen: Hier wäre also durchaus eine Position von Vätern oder anderen Männern zu besetzen!

Die Schamhaftigkeit der Jungen gegenüber dem gleichen Geschlecht erklären die Autorinnen mit der größeren Berührungsscheu männlicher Personen in unserer Gesellschaft. Zwischen Jungen herrsche eine größere Konkurrenz hinsichtlich ihrer Geschlechtsmerkmale als zwischen Mädchen.

Die unterschiedliche Anatomie von Jungen und Mädchen könnte ebenfalls ein Grund für größere Scham der Jungen sein: Befragte Eltern vermuten, dass Jungen sich mehr schämen, weil sie mehr zu verbergen haben. Die oft unbewusste Haltung von Eltern, Jungen zu »Helden« zu erziehen, macht es diesen natürlich auch schwieriger, sich verletzlich zu zeigen.

Bettina Schuhrke hat herausgefunden, dass eine Reihe von Eltern Schamhaftigkeit für Mädchen als Selbstschutz wichtiger findet. Das passt zu dem wachsenden Interesse älterer Mädchen, etwas über Vergewaltigung zu erfahren.[9]

Schon Babys schämen sich

Überall auf der Welt ist Scham an denselben Merkmalen erkennbar. Der Blickkontakt wird abgebrochen, die Augen gesenkt, die sprichwörtliche Schamesröte steigt auf, man schlägt die Hände vor das Gesicht und wendet sich ab.

Adam und Eva schämten sich ihrer Nacktheit, nachdem sie eine Frucht vom Baum der Erkenntnis gegessen hatten. Das heißt: Scham setzt eine gewisse intellektuelle Fähigkeit voraus. Ob die ersten Menschen sich nach ihrer Unbedarftheit zurücksehnten?

Heutige Säuglingsforscher würden sie trösten und sagen, dass ihnen das nichts geholfen hätte. Sie setzen das Schamgefühl bereits im Babyalter an. Die »Acht-Monats-Angst« von Säuglingen, das »Fremdeln« gilt als eines der ersten deutlichen Anzeichen von Scham. Denn das Baby unterbricht beschämt den Blickkontakt zu der fremden Person und wendet sich ab. Manche Forscher vermuten, dass dahinter die Angst steht, die Mutter zu verlieren.[10]

Schuhrke und ihre Kolleginnen finden Schamverhalten der Kinder innerhalb der Familie frühestens im Alter von drei Jahren. Die meisten Kinder signalisieren erstmals für die Eltern erkennbare Schamgefühle mit fünf Jahren. Die Forscherinnen gehen davon aus, dass alle Kinder im Alter von sieben Jahren über ein Schamgefühl verfügen. Eltern würden beobachten, dass ihre Kinder, je älter sie werden, immer differenziertere Anzeichen für Scham zeigen. Dies bedeute, dass die kindliche Fähigkeit zur Vermeidung und Bewältigung von Schamsituationen ebenso steigt wie die gefühlsmäßige Betroffenheit.[11]

Die Kehrseite von Scham

Körperscham ist also sinnvoll und nützlich. Ganz im Gegensatz dazu steht die »Schamerzeugung« bei Kindern durch Erwachsene. Der Psychoanalytiker Wolfgang Mertens bezeichnet sie als das »maligneste Erziehungsmittel« neben Kindesmisshandlung.[12]

Eltern, die zum Beispiel mit Ekel auf die Ausscheidungen von Mädchen reagieren, können häufig früh einen Ekel und Scham bei diesen entstehen lassen, der sich auf die gesamte, eigene »untere Körperregion« bezieht. Bei erwachsenen Frauen hat das nicht selten ein lebenslanges Schamgefühl über ihre eigenen Genitalien zur Folge.[13]

Die Männerforscher Schnack und Neutzling machen auf eine andere Art von Schamerzeugung aufmerksam. Sie berichten von einem Mann, dessen Mutter wohlwollende Bemerkungen machte, wenn er als kleiner Junge masturbiert hat. Irgendwann hat er gehört, wie sie einer Frau erzählt hat, dass er sich selbst befriedige. Wenn er heute masturbiere, sei es manchmal schwierig, »die Hand meiner Mutter von meinem Schwanz zu verjagen«[14]. Die Mutter hat sich in etwas eingemischt und etwas öffentlich gemacht, das sie schlicht nichts angeht. Folge ist die Scham vor der Mutter, ohne dass die Mutter real anwesend ist.

Wo liegt die Grenze?

Die Fragen: »Was wäre mir selbst peinlich?«, »Wofür würde ich mich schämen?« und »Wofür habe ich mich als Kind geschämt?«, sind bei der Suche nach einer angemessenen Verhaltensweise äußerst hilfreich. Was darf ich? Was kann ich? Was ist hilfreich für das Kind? Und: Welches Verhalten überschreitet deutlich die Grenze? Es ist wichtig, dass Eltern sich dessen bewusst sind, was sie nichts angeht, und dass sie den Kindern einen eigenen intimen Raum zugestehen. Das gilt natürlich auch für Babys:

»Ich möchte meinen Sohn nicht initiieren in bestimmte Dinge. Er soll den Umgang mit seinem Körper selber entdecken. Mir hat neulich jemand erzählt, wie lustig er es fände, Jungs zu wickeln. Sobald man denen am Schwänzchen spielen würde, würden sie einen Steifen bekommen. Ich habe den angeguckt wie ein Auto und habe gesagt, ich würde den Teufel tun und meinem Sohn am Schwänzchen spielen, damit der einen Steifen bekommt. Ich würde den natürlich zärtlich knuddeln und auf den Bauch blasen, aber nicht sein Schwänzchen stimulieren.«*
(Sabine L., 42 Jahre, zwei Kinder)*

Kinder bewusst, aus eigenem Spaß und aus Neugier zu erregen ist eindeutig eine Grenzüberschreitung und ist Missbrauch. Genauso missbräuchlich verhalten sich Eltern, die es »cool« finden, wenn ihre 6-jährigen Töchter am Strand nackt herumlaufen, diese das aber gar nicht möchten. Indem die Eltern ihre nackten Töchter vorzeigen, wollen sie nach außen ihre eigene scheinbare Freizügigkeit demonstrieren. Sie benutzen die Töchter, indem sie deren Schamhaftigkeit ignorieren.

Die Pädagogin Ursula Neumann hat eine sinnvolle Formel gefunden, mit der sich Eltern selbst befragen können, wie sie zu ihrem Kind stehen und ob sie die Grenze zwischen Zärtlichkeit und Missbrauch nicht überschreiten:

»Hier ist das (allerdings streng zu beachtende) Unterscheidungskriterium: In Ordnung ist jede Zärtlichkeit, die den Erwachsenen selbst weder stimuliert, noch den Zweck hat, dies zu tun. Jede Zärtlichkeit jedoch, die einen solchen Beigeschmack hat, ist zu unterlassen. Nicht die konkrete Berührung und Zärtlichkeit kann hier Maßstab sein (...), sondern Maßstab ist die Absicht und die Haltung dessen, der zärtlich ist.«[15]

Die Grenzen der Eltern

»Einmal wollte mein Sohn wissen, wann mein Mann und ich das letzte Mal miteinander geschlafen hätten. Ich habe ihm den Tag genannt. Aber ich war schon etwas entsetzt darüber, weil er sich das dann so konkret vorstellen musste. Da hätte ich auch sagen können: ›Das ist Privatsache.‹«
(Sabine L., 42 Jahre alt, zwei Kinder)

Für Eltern und ältere Kinder ist der Geschlechtsverkehr eindeutig »Privatsache«. Kinder wollen mit dem Geschlechtsverkehr der Eltern nichts zu tun haben und Eltern wollen »keine Vorführungen« geben. 73 von 75 Eltern sind dagegen, dass die Kinder den Geschlechtsverkehr miterleben. Sie akzeptieren höchstens, wenn die Kinder zufällig in die Situation hineinplatzen oder wenn sie bestimmte Bewegungen unter der Bettdecke mitbekommen.[16]

»Ich würde meinen Sohn jetzt nicht aktiv darüber aufklären, was für mich Lust ist.«
(Marianne K., 34 Jahre alt, ein Kind)

»Ich gehöre nicht zu den Müttern, die den Kindern zeigen, wie sie die Tampons einführen, oder die die Töchter mit zum Frauenarzt nehmen. Das ist nicht meine Sache.«
(Susanne B., 41 Jahre alt, zwei Kinder)

Die Beachtung der eigenen Grenzen ist genauso wichtig wie der Respekt vor den Grenzen der Kinder. Kinder bemerken sowieso, wenn sich ihre Eltern verbiegen.

»Vielleicht«, so vermutet die 9-jährige Simone, »ist es so peinlich, mit den Eltern über Aufklärung zu sprechen, weil es denen peinlich ist. Meine Mutter, die spricht dann immer so komisch und dann muss ich lachen.«

Die Scham der Eltern vor Zuschauern beim Geschlechtsverkehr schützt Eltern und Kinder.

Wenn Eltern »Privatsachen« haben und sagen: »Ich möchte das nicht mit dir teilen«, lernen Kinder auch am elterlichen Modell: »Einen privaten Bereich darf man haben und das ist gut so.«

Es gibt keine Regel, bestimmte Themen auszusparen und andere nicht. Eltern sollten sich nicht aufdrängen. Sie können Angebote machen, sollten aber auch sensibel für die Empfindlichkeiten sein: sowohl die der Kinder als auch die eigenen.

10. Kapitel

Wie fühlt sich die Liebe an?

Eine Verbindung zwischen Körper und Seele

»Die Jula brauche ich unbedingt!«, sagte der Jokel. »Warum?«, fragte der Vater. Das konnte der Jokel dem Vater nicht erklären. Er hätte nur sagen können: Weil mir die Jula so ähnlich schaut und weil sie schön ist. Bisher habe ich noch nie jemanden gesehen, der schön war und mir ähnlich geschaut hat. Das ist ein ganz herrliches Gefühl![1]

Großartig und aufregend, schwindelerregend und herzzerreißend, niederschmetternd und erhebend, warm und kalt, eisenhart und butterweich, stachelig und rau, knochentrocken und cremig zart, so kann sich die Liebe anfühlen. Wie soll man das alles sagen? Dem 8-jährigen Jokel, dessen Zuneigung zu der gleichaltrigen Jula Christine Nöstlinger in ihrer Erzählung »Jokel, Jula und Jericho« beschreibt, ist sonnenklar: Das kann er dem Vater nicht erklären.

Auch Eltern können ihren Kindern das nicht alles vermitteln, aber vielleicht ein bisschen davon.

Was hat sich geändert?

Ganz klar, es hat sich etwas geändert. Darüber sind sich alle von mir Interviewten einig. Gespräche über das Baby im Bauch, die nur ein einziges Mal und unter besonderen Vorkehrungen stattfinden, rote Erwachsenenköpfe als Reaktion auf neugierige Kinderfragen und Mütter, die über die Pornos ihrer Söhne verzweifeln, sind seltener geworden.

Was machen heutige Eltern anders als ihre Eltern?

»Der wesentliche Unterschied zu meinen Eltern ist, dass es das Thema Sexualität überhaupt gibt. Die Kinder dürfen Fragen stellen, ohne eine Ohrfeige dafür zu kassieren. Ich versuche Antworten zu finden, die die Kinder verstehen. Ich versuche mit Körperlichkeit so natürlich und bewusst wie möglich umzugehen. Beim Duschen sind die Türen nicht abgeschlossen. Die Kinder rennen raus und rein. Nacktheit ist für die Kinder ein recht normaler Zustand.« (Herbert K., 41 Jahre alt, zwei Kinder)

»Wenn bei uns das Wort ›schwul‹ oder ›Nutte‹ fiel, hat meine Mutter gesagt, das seien sehr schlimme Schimpfwörter. Als ich sie dann gefragt habe, warum, da hat sie nur geantwortet: ›Dafür seid ihr noch zu klein.‹ – Das ist natürlich blödsinnig. Das würde ich nie so machen. Ich würde immer versuchen eine Erklärung zu finden, die die Kinder verstehen. Ich würde das Thema Sexualität nicht unter ein Tabu stellen. Ich finde, dass man Kindern zu allem, was sie beschäftigt, eine Antwort geben sollte, wenn sie Fragen stellen.« (Burkhard B., 44 Jahre alt, zwei Kinder)

Sexualität ist »salonfähig« geworden und kein Tabu mehr. Es wird darüber geredet. Gegenüber den Familienmitgliedern müssen die Körper nicht mehr verhüllt werden. Viele Eltern scheuen sich nicht mehr, Worte wie »Hurensohn« oder »bumsen« sachlich zu erklären.

Woher kommen die Veränderungen?

Was ist passiert? Manche Eltern derer, die heute Eltern sind, zogen Ende der 60er-Jahre los und sahen sich im Kino Kolles Aufklärungswelt an. Hier wurden sie zu der Ansicht ermuntert, dass Sexualität ein Thema ist, mit dem zu befassen sich auch für sie lohnt. Abgesehen von sachlichen Informationen über die Funktionsweise von Kitzler und Penis erfuhren sie, dass man über Sexualität mit dem Partner auch sprechen kann. Das heißt, sie wurden angeregt, sich sexuelle Wünsche und Vorlieben einzugestehen und sie sich gegenseitig mitzuteilen. Das waren dann die sehr »Fortschrittlichen«, die sich diese Filme anschauten.

»Meine Eltern haben für mich den Anfang gemacht. Sie haben versucht, das Thema anders zu lösen als ihre Eltern. Sie haben den Grundstein gelegt. Das hat nach 30 Jahren eine Wirkung. Ich glaube, unsere Eltern mussten ein Tabu brechen und hatten Lust, darüber was zu wissen. Wir müssen kein Tabu mehr brechen.«
(Jan B., 42 Jahre alt, zwei Kinder)

Viele heutige Eltern haben die Hemmung, die Angst und die Unbeholfenheit der eigenen Eltern gespürt. Manche haben in Eigenregie versucht, die Versäumnisse ihrer Eltern auszugleichen. Sie haben sich selbst auf die Suche nach Aufklärung gemacht. In Studenten- oder Frauengruppen, Workshops, Selbsthilfegruppen oder auch ganz privat mit den eigenen Partnern haben sie versucht, sich das Thema Sexualität anzueignen, es in ihr Leben zu integrieren. Was eine Wirkung auf ihr heutiges Aufklärungsverhalten hat:

»Ich spüre, dass es meiner Tochter heute nicht unangenehm ist, wenn ich über sexuelle Themen spreche. Das liegt daran, dass es mir heute nicht mehr unangenehm ist. Aber da habe ich eben lange für gebraucht. Bei meiner Mutter habe ich immer mitgekriegt, dass sie sich das so ein bisschen rausgewürgt hat, nach dem Motto: ›Meine Kinder sollen nicht das leiden, was ich gelitten habe. Die sollen aufgeklärt werden.‹ Gut, das ist eben der Anfang. Meine Mutter hat sich bemüht. Sie hat sicher bei mir schon einiges erreicht. Die nächste Generation macht es dann noch besser. Ich hoffe natürlich, dass meine Tochter es noch besser hat als ich.«
(Sabine L., 42 Jahre alt, zwei Kinder)

Aufklärung durch Medien, Straße und Schule haben ihren Teil zur Enttabuisierung von Sex beigetragen. Auch das hat sich in den Familien ausgewirkt.

Geht es unseren Kindern besser?

Im Gegensatz zu ihren Eltern haben die Kinder heute ein Bild von körperlicher Liebe, das auch durch die Medien geprägt ist. Sex und Liebe werden öffentlich dargestellt, allerdings oft sehr wirklichkeitsfremd. Kinder, die über ein Thema etwas erfahren, was sie nicht kennen, können nicht beurteilen, was wirklich stimmt, was Klischees sind oder eben die künstlerische Freiheit der Fernsehmacher und Fernsehmacherinnen?

Wie wirkt sich die Tabulosigkeit, die Kinder nicht einordnen können, aus? Schlägt die Angst davor, beim Onanieren erwischt zu werden um in eine Angst, alles preisgeben zu müssen? Müssen Kinder befürchten, keine Geheimnisse haben zu dürfen, wenn sie sich jemandem nähern? Ist die schutzlose Offenheit etwas, dem sie entsprechen müssen?

Die Wahrung der Intimsphäre bei allen Menschen, ob groß oder klein, hat ihren Sinn. Dazu gehört die Scham, sich öffentlich nackt zu zeigen, ebenso wie das Inzesttabu. Wenn es diesen Schutz nicht gibt, stellen sich Angst und Unsicherheit ein.

Wie reagieren Kinder darauf? Macht sie ihre Unsicherheit darüber, dass Sex überall und bei jeder Gelegenheit öffentlich zelebriert wird, so cool? Liegt auch hierin eine Ursache für den Typ des »Egotaktikers«, wie ihn die 14. Shell Jugendstudie 2002 bei Jugendlichen ausmacht? Die Autoren dieser Studie attestieren diesem Typ von Jugendlichem einen »hohen Grad an Selbstzentriertheit« sowie einen »Schuss Opportunismus« und eine »Portion Bequemlichkeit«.[2]

Über das Kribbeln und Kitzeln, das Aufregende und Gefühlvolle erfahren Kinder trotz oder wegen der »Aufklärung total« aber immer noch wenig. Es fehlt die innere Verbindung zwischen Information und Emotion. Eine 19-Jährige schreibt über das »Sich-cool-Machen«:

»Wir sind längst nicht so cool, so ablehnend, wie wir manchmal tun. Dieses Schauspiel ist vielmehr die einzige Möglichkeit, unsere

Verwirrung nicht auch noch vor aller Öffentlichkeit eingestehen zu müssen, wo wir sie doch schon vor uns selbst nicht verbergen können und uns einfach nur unfähig fühlen, vor diesem Leben zu bestehen. Wir sehnen uns nach Sicherheiten und, ja, auch nach Ritualen; Dingen, in die wir vertrauen können, die zur gleichen Zeit am selben Ort geschehen, jede Woche wieder. Reizüberflutung und Grenzenlosigkeit machen es so schwer, einen Platz zu finden in dieser Gesellschaft – und in uns selbst.«[3]

Die Aufgabe der Eltern

Wie fühlt sich die Liebe an? Das ist eine brennende und wichtige Frage für Kinder und Jugendliche. Darüber erfahren sie als Erstes etwas in der Familie – und das ist sehr prägend.

Was die Sexualpädagogin Petra Millhoffer für die schulische Sexualerziehung formuliert hat, gilt für die Familie gleichermaßen:

»Sexualerziehung soll das Selbstbewusstsein stärken, die Kinder befähigen, eigene Gefühle und die Gefühlsbotschaften anderer zu verstehen, sowie ihnen helfen, ein Gespür zu entwickeln, welche Kontakte und Situationen gemieden werden müssen.«[4]

Liebe vermittelt sich auf sehr vielfältige Weise. Mit allen Sinnen spürt, sieht, hört, riecht und schmeckt ein Kind, was Liebe ist. Eltern tragen einen großen Teil dazu bei, wie ihr Kind Erfahrungen aufnimmt, einordnet und verarbeitet: durch ein liebevolles und vertrauensvolles Klima, respektvollen Umgang miteinander, Offenheit für Themen, die die Kinder anbringen, und durch die Einbettung des Themas Sexualität in den Alltag.

»Ich gehe heute mit dem Thema Aufklärung natürlicher um. Ich gebe dem nicht die Wahnsinnsbedeutung, ich gehe aber auch nicht darüber hinweg. Das stellt sich wie jedes andere Thema automatisch ein. Es kriegt nicht so eine herausragende Stellung wie früher. Es ist immer wieder da. – Es ist nicht so eine gestellte Aufgabe.«
(Jan B., 44 Jahre alt, zwei Kinder)

Es geht bei der »Aufklärung heute« um kindgerechte Erklärungen, um Eltern, die sich danach fragen, was ihr Kind wissen will, Eltern, die eine Idee davon haben, wo das Kind steht. Und dazu gehören auch das Reflektieren und Überdenken eigener Hemmungen. Familienmitgliedern gegenüber sollte Respekt vor ihrer Privatsphäre gewahrt werden, Gefühle dürfen nicht »herausgekitzelt« werden und es sollte auch in diesen Dingen eine klare Trennung zwischen Kindern und Erwachsenen gezogen werden. Und alle Fragen diesbezüglich lassen sich natürlich auch unter Erwachsenen besprechen, was den Eltern Sicherheit in ihren Auffassungen gibt.

Wie sich die Liebe anfühlt, das erfahren Kinder aus allen ihren Eindrücken, die sie gewinnen, mit und ohne Worte.

Das sollten sich Eltern bewusst machen. Auch wenn die elterlichen Einwirkungsmöglichkeiten – Gott sei Dank – ihre Grenzen haben. Für die »Übereifrigen« hier der Dämpfer eines Vaters:

»Ich kann meinem Kind nicht alle negativen Erfahrungen und Enttäuschungen ersparen, erst recht nicht in der Sexualität und in der Liebe.«
(Johannes R., 39 Jahre alt, ein Kind)

Einiges können wir nicht erklären. Müssen wir auch nicht. Das wäre sogar ziemlich langweilig für die Kinder. Es bleiben noch viele Geheimnisse, die sie selbst entdecken. Eltern können ihren Kindern lediglich gute Bedingungen schaffen und ihnen die Möglichkeit geben, mit den Erfahrungen, die sie machen, umzugehen, sie einzuordnen und zu verarbeiten.

Ziele der Eltern

Manche Eltern stecken sich hinsichtlich der Sexualaufklärung ihrer Kinder hohe Ziele, die sich aus ihren eigenen Erfahrungen und Erlebnissen ableiten:

»Bei mir gibt es ein deutliches Ziel. Ich möchte gern, dass meine Kinder unbefangen und selbstbestimmt ihre Sexualität erleben. Meiner Meinung nach ist es total wichtig, einen eigenen Rhythmus zu finden in der Sexualität und die Dinge zu tun, die man tun will. Für mich ist heute wichtig, dass ich die Dinge tue, die ich fühle. Das muss nicht Liebe sein, aber ich muss mich gut dabei fühlen. Weder ausgenutzt noch ausnutzend. Selbstbestimmt, das finde ich sehr wichtig.«
(Sabine L., 42 Jahre alt, zwei Kinder)

»Mein Ziel ist es, dass die Kinder angstfrei aufgeklärt werden. Ich wünsche mir, dass sie ein entspanntes Verhältnis zu ihrem Körper und zum Körper des anderen Geschlechts entwickeln.«
(Peter M., 43 Jahre alt, zwei Kinder)

»Ich habe riesengroße Ziele: Erst einmal möchte ich, dass meine Kinder alles wissen sollen, was für sie wichtig ist. Alle Ausdrücke, alle Vorgänge und Beziehungsfragen. Dann wünsche ich mir, dass sie einen Kreis finden, ob Eltern oder Freundeskreis, wo sie sich offen und frei darüber austauschen können. Ich wünsche mir, dass sie dann auch die richtige Sprache dafür haben. Das eigentliche Ziel, das dahinter steckt, ist, dass sie einen guten und unkomplizierten und unverkrampften Zugang zu ihrer Sexualität finden. Also mein Ziel wäre eigentlich, dass meine beiden Söhne mal echt nette Liebhaber werden.«
(Martha K., 40 Jahre alt, zwei Kinder)

Die Hälfte wäre auch schon viel: ein bisschen unverkrampfter, lockerer, sich besser artikulieren zu können, angstfreier und unbefangener, als man selbst ist. Elterliche Erziehung kann einen Teil dazu beitragen.

Was ist Liebe?

Was ist Liebe? Wie würden Sie diese Frage eines Kindes beantworten? Manchen Eltern, die ich gefragt habe, fiel das nicht leicht. Einige haben es auch abgelehnt: »Das kann man nicht erklären.« – »Dazu müsste ich zu weit ausholen«. So die ausweichenden Antworten. Hier also eine kleine Auswahl:

»Meinem sechsjährigen Sohn würde ich sagen: ›Ich finde deinen Papa klasse und der findet mich auch super. Wir finden uns gegenseitig schön. Wir fassen uns gerne an und küssen uns gerne und streicheln uns. Wir freuen uns, dass wir jeden Abend im Bett zusammen kuscheln können. Und wir können uns auch gut streiten.‹«
(Martha K., 40 Jahre alt, zwei Kinder)

Erklärung an einen 9-Jährigen: »Liebe ist, wenn es im Bauch kribbelt. Wenn alle deine Sinne nur darauf gerichtet sind, die geliebte Person zu sehen. Wenn man abends beim Einschlafen an sie denkt und morgens beim Aufwachen. Wenn es einem peinlich ist, wenn sie einen anguckt. Wenn man nah an ihr vorbeigeht und sie riechen will. Und wenn man sogar ihren Anorak schön findet, obwohl der potthässlich ist. Und wenn man den anfassen will und seine Jacke daneben hängen will. Wenn man das alles immer weiter machen will, dann ist das Liebe. Wenn man sich gar nicht vorstellen kann, dass man irgendwann von ihr wieder so ganz weg sein möchte.«
(Jakob S., 40 Jahre alt, ein Kind)

»Meiner 12-jährigen Tochter habe ich gesagt: Für mich gehört zur Liebe Sexualität dazu. Was mir besonders gut gefällt, ist die Bezeichnung der Italiener für körperliche Liebe: ›Fare l'amore.‹ Liebe machen. Sexualität ist Sexualität und das kann man sehr wohl auch ohne Liebe haben. Nur: Sexualität mit Liebe ist schöner.«
(Sabine L., 42 Jahre alt, zwei Kinder)

Und was sagen die Kinder und Jugendlichen?

Eine Achtjährige: »*Liebe ist, wenn man zusammen in einem Bett schläft. … wenn man sich küsst … und wenn man zusammenhält.*«

Eine 13-Jährige: »*Liebe ist ein Gefühl, das im Herzen anfängt und dann in den Kopf steigt. Wenn man die ganze Zeit aufgeregt ist. Man hat lauter Schmetterlinge im Bauch und muss immer an diese Person denken. Es ist auch Liebe, wenn man eine enge Verbundenheit hat, zum Beispiel mit Eltern oder Geschwistern.*«

Ähnlich wie Jokel, sinnlich und anfühlbar, beschreibt ein 12-Jähriger die Liebe:

»*…. wenn ich jetzt ein Mädchen seh', also ein schönes, wird man voll heiß (…) irgendwie kriegt man voll so 'ne Wärme (…) ja und dann kippt man um (…) wenn sie so schön ist.*«
(*Junge, 7. Klasse*)[5]

Anmerkungen

1. Kapitel

Von der Reinheit des Leibes und der Seele

1 BZgA (2001A)
2 BZgA (1999B) S. 51, Gluszczynski zitiert Heidarpur-Ghazwini; Salisch (1986)
3 Janoschek (1995) S. 130ff.
4 BZgA (1998C) S. 182
5 Franzkowiak, Sabo (1996)
6 Plankermann (2002)
7 Kluge in: Stuppe (2002)
8 Oswalt Kolle in einem Interview für den WDR 1998, anlässlich seines 70. Geburtstags. Junker (1998).
9 Bossbach, Raffauf (1998): Mama, wie bin ich in deinen Bauch gekommen? Augsburg: Weltbild. Erlbruch (1996): Das Bärenwunder, Wuppertal: Peter Hammer Verlag. Lenain, Durand (2002): Hat Pia einen Pipimax? Hamburg: Oetinger. Cole, Babette (1994): »Mami hat ein Ei gelegt«. Aarau, Frankfurt a.M.: Sauerländer. Lotta e.V. Benve vücudum – Ich und mein Körper. Kiel: Selbstverlag. (Für türkische Mädchen).
10 Kentler (1981) S. 32f.
11 Ebd.

2. Kapitel

Die Geschichte vom Samen und der Eizelle

1 Neutzling, Rainer: »Die Liebe in den Zeiten der Pro Familia«, Festvortrag zum 30-jährigen Bestehen der Pro Familia in Nordrhein-Westfalen
2 Mertens (1992) Band 1, S. 17ff.
3 Kleinschmidt, Lothar u.a., S. 10f.
4 Erstes Gesetz zur Ordnung des Schulwesens im Lande Nordrhein-Westfalen vom 8. April 1952
5 BZgA (1999A) S. 13

3. Kapitel

Es kribbelt so schön

1 Löbner (1998) S. 31
2 Freud (1972) S. 124f., zit. n. Olivier (1992) S. 51
3 Nitsch (1996) S. 130
4 Freud (1972) S. 87ff.
5 Kleinschmidt u.a. (1999) S. 15
6 In einem Gespräch mit der Autorin.
7 Wegner (1998) S. 3
8 Raffauf (1999) S. 38
9 Kentler (1981) S. 63

4. Kapitel

Töchter, Söhne, Mütter, Väter

1 Gray, John (2002): Männer sind anders. Frauen auch. Männer sind vom Mars. Frauen von der Venus. München: Mosaik Verlag.
2 Pease, Allan und Barbara (2002): Warum Männer nicht zuhören und Frauen schlecht einparken. München: Ullstein.
3 Hoffmann (2001)
4 Hertzer, Wolfrum (2001)
5 Mertens (1992) Band 1, S. 38f.
6 Mertens (1992) Band 1, S. 65
7 Mertens (1992) Band 1, S. 31
8 Raffauf (1999) S. 58ff.
9 Bilden (1980) Bd. I, S. 40, zit. n. Mertens (1992)
10 Ebd.
11 Zu Ödipus siehe Abschnitt: Wer war eigentlich Herr Ödipus? In diesem Kapitel
12 Olivier (1992) S. 11f.
13 Flaake, King (2003) S. 18
14 Seiffge-Krenke (2002) S. 147f.; Roth (2002)
15 Gluszczynski (1999A) S. 61
16 Blobel (2002) S. 105
17 Schnack, Neutzling (2001) S. 26
18 BZgA (1999A) S. 25f. und Selbstwahrnehmung, Sexualwissen und Körpergefühl von Mädchen und Jungen der 3. bis 6. Klasse aus Migranten- und Aussiedlerfamilien, S. 56ff.
19 Mertens (1992) Band 1, S. 102
20 Schnack, Neutzling (2001) S. 31

21 Laplanche, Pontalis (1973) S. 351
22 Raffauf (1999) S. 23
23 Kleinschmidt u.a. (1999) S. 20

5. Kapitel

Ficken sagt man nicht

1 Olivier (1992) S. 55ff.
2 Olivier (1992) S. 55ff.
3 Nitsch (1996) S. 193ff.
4 Volbert (1998) S. 7
5 Millhoffer (1999) S. 16
6 Ebd.
7 Mertens (1992) Band 2, S. 42
8 Olivier (1992) S. 58
9 Mertens (1992) Band 2, S. 48f.
10 Härtling (2001) S. 6
11 Neutzling (2001)
12 Kentler (1981) S. 90f.
13 Franzkowiak, Sabo (1996) S. 4

6. Kapitel

Was nicht gesagt wird

1 Zit. nach York, Ute in: Nitsch (1996) S. 134
2 Mertens (1992) zit. n. Schnack, Neutzling (1993) S. 55
3 Schnack, Neutzling (1993) S. 58
4 Introjektion bedeutet etwa Verinnerlichung, im Sinne von »sich zum Vorbild machen«.
5 Balint (1973) zit. n. Mertens (1992) Band I, S. 35
6 BZgA (1999B) S. 113f.

7. Kapitel

Fernsehen, Straße, Internet

1 Gluszczynski (1998) S. 23
2 Millhoffer in BZgA (1998A) S. 17
3 Gluszczynski, ebd.
4 In einem Gespräch mit der Autorin.

5 Institut für Sexualpädagogik (2000)

6 Roeder in BZgA (1999D) S. 62

7 Kirbach (2002)

8 Ebd.

9 Ertel (1990) S. 112ff.

10 In: BZgA (1999B) S. 15

11 Grünewald (1997) S. 37

12 Pro-Familia-Magazin (1998) S. 23

13 BZgA (1999A) S. 39

14 BZgA (1999B) S. 85

15 BZgA (1998A) S. 4

16 In ihrem Buch »Wir sind das Netz« geben Marc Decius und Ralf Panzieri unter der Überschrift »Verantwortung und Vertrauen – gemeinsam online« gute Tipps für den Umgang mit dem Computer, die zum Teil auch auf den Fernsehkonsum übertragbar sind.

17 Grünewald (1997) S. 45

8. Kapitel

Liebe, Sex und noch viel mehr …

1 BZgA (1998A) S. 5

2 BZgA (1999B) S. 123

3 Grünewald (1997) S. 22

4 BZgA (1999A)

5 Vgl. BZgA (2001A): Nach ihrer Aufgeklärtheit bezüglich sexueller Themen befragt, halten sich 79% der 14- bis 17-jährigen Jungen für aufgeklärt, im Vergleich zu 83% der Mädchen.

6 BZgA (1999A) S. 72

7 Junker (1998)

8 Härtling (1997) S. 10f.

9 BZgA (2001A)

10 BZgA (1999B) S. 64

11 BZgA (2001A) S. 57

9. Kapitel

Privatsachen

1 BZgA (1998C) S. 135

2 BZgA (2001A) S. 8

3 BZgA (1999A) S. 45

4 In einem Gespräch mit der Autorin.

5   Raffauf (2000) S. 99
6   BZgA (1999A) S. 60
7   BZgA (1998B) S. 52ff.; siehe auch: BZgA (1999B) S. 112
8   BZgA (1998B) S. 52ff.
9   BZgA (2001A), siehe auch Kap. »Liebe, Sex und noch viel mehr …«
10 Nitsch (1996) S. 182
11 BZgA (1999B) S. 112
12 maligne = bösartig
13 Mertens (1992) Band 1, S. 87
14 Schnack, Neutzling (1993) S. 41
15 Pro-Familia-Magazin (1998) S. 7
16 BZgA (1998B) S. 43

10. Kapitel

Wie fühlt sich die Liebe an?

1   Nöstlinger (1988) S. 30
2   Hurrelmann (2002)
3   Anonym (2002) S. 16
4   BZgA (1999A) S. 69
5   Zitiert nach: BZgA (1999A) S. 67

Tipps zum Weiterlesen

Aufklärungsliteratur

Zum Vorlesen für Kinder ab drei:
Enders, Ursula; Wolters, Dorothee (1999): Schön & Blöd. Ein Bilderbuch über schöne und blöde Gefühle. Weinheim: Anrich.

Erlbruch, Wolf (1996): Das Bärenwunder. Wuppertal: Peter Hammer.

Fagerström, Grethe; Hansson, Gunilla (1992): Peter, Ida und Minimum. Ravensburg: O. Maier.

Harris, Robie; Emberley, Michael (2002): Einfach Irre! Liebe, Sex und Kinderkriegen. Weinheim, Basel, Berlin: Beltz & Gelberg.

Lenain, Thierry; Durand, Delphine (2002): Hat Pia einen Pipimax? Hamburg: Oetinger.

Zum Selberlesen für ältere Kinder:
Baer, Reto; Zatko, Boris (1994): Schöner lieben. Zürich: Atlantis. (ab 16)

Braun, Joachim; Niemann, Bernd (1998): Coole Kerle, viel Gefühl. Reinbek: Rowohlt. (für Jugendliche)

Bundeszentrale für gesundheitliche Aufklärung (BZgA) (Hrsg.); Bossbach, Christel; Raffauf, Elisabeth (2003): Mädchensache(n), Alles über wahre Liebe, das erste Mal, Lust und Frust, Freundschaft und Sex. Köln. Kostenlos zu bestellen bei der BZgA

51101 Köln oder per Internet über www.bzga.de; Bestellnummer: 7045 000.

BZgA (Hrsg.); Neutzling, Rainer: Wie geht's – wie steht's? Wissenswertes für männliche Jugendliche und junge Männer. Kostenlos zu bestellen bei der BZgA 51101 Köln oder per Internet über www.bzga.de; Bestellnummer: 13 030 000.

Cole, Babette (1994): Mami hat ein Ei gelegt. Aarau, Frankfurt a.m.: Sauerländer. (ab 6)

Harris, Robie; Emberley, Michael (2002): Total Normal – Was du schon immer über Sex wissen wolltest. Weinheim, Basel, Berlin: Beltz & Gelberg. (ab 11)

Krauch, Franziska; Kunstmann, Antje (1996): Mädchen, Das Aufklärungsbuch. München: Kunstmann. (ab 12)

Lotta e.V. Benve vücudum: Ich und mein Körper. Kiel: Selbstverlag. (für türkische Mädchen)

Liebesgeschichten

Für Kinder und Jugendliche:
BZgA (Hrsg.), Neutzling, Rainer (2003): »In unserer Straße« Jungsgeschichten über Liebe, Freundschaft, Sex und Aids. Köln. Kostenlos zu bestellen bei der BZgA 51101 Köln oder per Internet über www.bzga.de; Bestellnummer: 7042 0000.

Härtling, Peter (1997): Ben liebt Anna. Weinheim, Basel, Berlin: Beltz & Gelberg. (ab 7)

Neutzling, Rainer (1996): Herzkasper: Eine Geschichte über Liebe und Sexualität. Reinbek: Rowohlt. (für Jugendliche)

Nöstlinger, Christine (1988): Jokel, Jula und Jericho. Weinheim, Basel, Berlin: Beltz & Gelberg. (ab 6)

Nachschlagewerke

Haeberle, Erwin J. (2000): dtv-Atlas Sexualität. München: dtv.

Meyers Lexikon (1997): Schülerduden Sexualität. Mannheim: Brockhaus.

Sachbücher

Für Erwachsene:

Kleinschmidt, Lothar; Martin, Beate; Seibel, Andreas (1999): Lieben, Kuscheln, Schmusen, Hilfen für den Umgang mit kindlicher Sexualität im Vorschulalter, 4. Aufl. Münster: Ökotopia Verlag.

Schnack, Dieter; Neutzling, Rainer (1995): Die Prinzenrolle. Über die männliche Sexualität. Reinbek: Rowohlt.

Shem, Samuel; Surrey, Janet (1999): Alphabete der Liebe, Warum Männer und Frauen doch zusammen passen. Weinsberg: Klett-Cotta.

Für Erwachsene und Jugendliche:

Bacharan, Nicole; Simonnet, Dominique (2003): Wenn es ernst wird mit der Liebe. Weinheim, Basel, Berlin: Beltz.

Internet

www.sextra.de: Ein Beratungsangebot der pro familia zu Fragen über Liebe und Sexualität.

Literatur

Amendt, Günther (1979): Das Sexbuch. Dortmund: Weltkreis.

Anonym: »Redet mit uns!« In *Die ZEIT*, 22.8.02. (Leserbrief zu Kirbach, Ronald: Ritzen, Sex und Meerschweinchen).

Asper, Kathrin (1995): Von der Kindheit zum Kind in uns. München: dtv.

Bacharan, Nicole; Simonnet, Dominique (2003): Wenn es ernst wird mit der Liebe. Weinheim, Basel, Berlin: Beltz.

Balint, Enid (1973): Gerechtigkeit und gegenseitige Anerkennung als Erziehungsziele. *Psyche 27.*

Bilden, Helga (1980): Geschlechtsspezifische Sozialisation. In: Hurrelmann, Klaus/Ulich, Dieter (Hrsg.): Handbuch der Sozialisations-Forschung. Weinheim, Basel: Beltz.

Blobel, Günter (2002): Warum kennt ein Indianer keinen Schmerz? In: Stiekel, Bettina (Hrsg.): Kinder fragen, Nobelpreisträger antworten. München: Heyne.

Bossbach, Christel; Raffauf, Elisabeth (1998): Mama, wie bin ich in deinen Bauch gekommen? Augsburg: Weltbild.

Bundeszentrale für gesundheitliche Aufklärung (BZgA) (2001A): Jugendsexualität Repräsentativ-Befragung. Köln.

BZgA (2001B): Körper, Liebe, Doktorspiele. 2 Bände: 1.–3. und 4.–6. Lebensjahr. Köln.

BZgA (1999A): Sexualerziehung, die ankommt. Leitfaden für Schule und außerschulische Jugendarbeit zur Sexualerziehung von Mädchen und Jungen der 3.–6. Klasse. Köln.

BZgA (1999B): Wissenschaftliche Grundlagen, Teil 1 – Kinder. Köln.

BZgA (1999C): Wissenschaftliche Grundlagen, Teil 2 – Jugendliche. Köln.

BZgA (1999D): Wissenschaftliche Grundlagen, Teil 3 – Familienplanung. Köln.

BZgA (1998A): Forum Sexualaufklärung, Heft 2: Kinder. Köln.

BZgA (1998B): Kindliche Körperscham und Familiale Schamregeln. Köln.

BZgA (1998C): Sexualität und Kontrazeption aus der Sicht der Jugendlichen und ihrer Eltern. Köln.

BZgA (1998D): Sexualität und Pornografie – Jugendliche Medienwelt. Köln.

BZgA (1994): Über Sexualität reden. Köln.

Chodorow, Nancy (1985): Das Erbe der Mütter. München: Frauenoffensive.

Decius, Marc; Panzieri, Ralf (2000): Wir sind das Netz. Chancen und Risiken des Internets für Kinder und Jugendliche. Weinheim, Basel, Berlin: Beltz.

Erstes Gesetz zur Ordnung des Schulwesens im Lande Nordrhein-Westfalen vom 8. April 1952. Zuletzt geändert durch Gesetz vom 15. Juni 1999.

Ertel, Henner (1990): Erotika und Pornografie. München: Psychologie Verlags Union.

Flaake, Karin (2001): Körper, Sexualität und Geschlecht. Studien zur Adoleszenz junger Frauen. Gießen: Psychosozial Verlag.

Flaake, Karin; King, Vera (Hrsg.) (1993): Weibliche Adoleszenz. Frankfurt, New York: Campus. (2003): Weinheim, Basel, Berlin: Beltz.

Franzkowiak, Peter; Sabo, Peter (1996): Stolperstein Sexualaufklärung. *Prävention, 1.*

Freud, Sigmund (1972): Sexualleben, Bd. V. Frankfurt: Fischer.

Gluszczynski, Andreas (1999A): Selbstwahrnehmung, Sexualwissen und Körpergefühl von Mädchen und Jungen der 3. bis 6. Klasse aus Migranten- und Aussiedlerfamilien. In: BZgA: Wissenschaftliche Grundlagen, Teil 1. Köln.

Gray, John (2002): Männer sind anders. Frauen auch. Männer sind vom Mars. Frauen von der Venus. München: Mosaik Verlag.

Groult, Benoite (1996): Ein Tier mit langen Haaren. München: Knaur.

Grünewald u.a. (1997): Qualitative Grundlagenstudie: Jugendschutz und TV-Erotik. (Studie im Auftrag von Premiere), Köln 1997.

Härtling, Peter (1997): Ben liebt Anna. Weinheim, Basel, Berlin: Beltz.

Härtling, Peter (2001): Kindern Sprache schenken, Sonderdruck. Weinheim, Basel, Berlin: Beltz.

Heidarpur-Ghazwini, A. (1986): Kulturkonflikt und Sexualentwicklung islamischer heranwachsender Jugendlicher in der BRD. Frankfurt a. M.

Hertzer, Karin; Wolfrum, Christine (2001): Lexikon der Irrtümer über Männer und Frauen. Frankfurt a.M.: Eichborn.

Hoffmann, Arne (2001): Sind Frauen bessere Menschen? Plädoyer für einen selbstbewussten Mann. Berlin: Schwarzkopf & Schwarzkopf.

Hurrelmann, Klaus u.a. (2002): Jugend 2002, 14. Shell Jugendstudie. Frankfurt a.M.: Fischer.

Institut für Sexualpädagogik (Hrsg.) (2000): Sinn durch Sinnlichkeit (Dokumentation einer Fachtagung). Dortmund.

Janoschek, I. (1995): Sexualerziehung in multikulturellen Klassen. Von den Grenzen der Toleranz. In: Millhoffer, Petra (Hrsg.): Sexualerziehung von Anfang an (Beiträge zur Reform der Grundschule Bd. 97). Frankfurt a.M.

Junker, Stefanie (1998): »B. trifft«, Interview zum 70. Geburtstag von Oswalt Kolle, WDR 2, Stichtag: 2.10.1998.

Kaplan, Louise J. (1994): Abschied von der Kindheit. Weinsberg: Klett-Cotta.

Kast, Verena (1994): Vater–Töchter, Mutter–Söhne. Stuttgart, Zürich: Kreuz.

Kentler, Helmut (1981): Eltern lernen Sexualerziehung. Reinbek: Rowohlt-Verlag.

Kinder & Sexualität. *Pro Familia Magazin, Heft 3/4 1998, 26. Jg.,* Psychosozial Verlag.

Kinsey, A.C.; Pomeroy, W.B.; Martin, C.E. (1955): Das sexuelle Verhalten des Mannes. Berlin und Frankfurt a.M.: Fischer.

Kinsey, A.C.; Pomeroy, W.B.; Martin, C.E. (1954): Das sexuelle Verhalten der Frau, Berlin und Frankfurt a.M.: Fischer.

Kirbach, Roland (2002): Ritzen, Sex und Meerschweinchen. *Die Zeit, Nr. 33, 8. S. 9ff.*

Kleinschmidt, Lothar; Martin, Beate; Seibel, Andreas (1999): Lieben, Kuscheln, Schmusen. Münster: Ökotopia Verlag.

Laplanche, Jean; Pontalis, Jean-Bertrand (1973): Das Vokabular der Psychoanalyse, Band 1+2. Frankfurt a.M.: Suhrkamp.

Löbner, Ingrid (1998): Spuren der Sexualität. In: *Pro Familia Magazin, Heft 3/4 1998, 26. Jg.*, Psychosozial Verlag.

Mertens, Wolfgang (1992): Entwicklung der Psychosexualität und der Geschlechtsidentität, Band 1+2. Stuttgart: Kohlhammer.

Millhoffer, Petra (1999): Selbstwahrnehmung, Sexualwissen und Körpergefühl 8- bis 14-jähriger Mädchen und Jungen. In: BZgA (1999B): Wissenschaftliche Grundlagen, Teil 1 – Kinder. Köln.

Mönkemeyer, Karin (1997): Kindliche Sexualität, 3. Auflage. Weinheim, Basel, Berlin: Beltz.

Neutzling, Rainer (1998): Die Liebe in den Zeiten der Pro Familia, Festvortrag zum 30-jährigen Bestehen der Pro Familia in Nordrhein-Westfalen. Im Internet unter www.mediapark-sued.de/neutzling.

Neutzling, Rainer (2001): Was ist Wichsen? Herzfunk, in der WDR-Sendung Lilipuz, 3.12.2001

Nitsch, Cornelia u.a. (1996): Achtung Schatz, die Kinder kommen! München: Mosaik Verlag.

Olivier, Christiane (1992): F wie Frau. Düsseldorf und Wien: Econ.

Olivier, Christiane (1991): Jokastes Kinder. München: dtv.

Pease, Allan und Barbara (2002): Warum Männer nicht zuhören und Frauen schlecht einparken. München: Ullstein.

Plankermann, Natascha (2002): Die Regel ist so doof. In: *Rheinische Post, 30. 8. 2002*

Raffauf, Elisabeth (1999): Kleine Nervensägen. Augsburg: Weltbild.

Raffauf, Elisabeth (2000): »Das können doch nicht meine sein«. Gelassen durch die Pubertät. Weinheim, Basel, Berlin: Beltz.

Rogge, Jan-Uwe (1999): Kinder können fernsehen. Reinbek: Rowohlt Verlag.

Rohde-Dachser, Christa (1992): Expeditionen in den dunklen Kontinent. Heidelberg: Springer.

Roth, Markus (2002): Geschlechtsunterschiede im Körperbild Jugendlicher und deren Bedeutung für das Selbstwertgefühl. In: Praxis der Kinderpsychologie und Kinderpsychiatrie, 51, S. 150–164.

Scham und Schaulust, Fachtagung Sexualpädagogik und Medien (1998). Köln: Pro Familia.

Schmauch, Ulrike (2002): »Eltern erlauben alles, aber sie schnallen nix« – Aktuelle Aspekte der sexuellen Sozialisation weiblicher und männlicher Jugendlicher. In: Sozial Extra. Heft 1, 2002. Leverkusen: Leske & Budrich.

Schmidt, Gunter (1986): Das Große Der Die Das. Herbstein, März Verlag.

Schnack, Dieter; Neutzling, Rainer (2001): Kleine Helden in Not. Reinbek: Rowohlt Verlag.

Schnack, Dieter; Neutzling, Rainer (1993): Die Prinzenrolle. Reinbek: Rowohlt Verlag.

Schüler 1996, Liebe & Sexualität. Seelze: Erhard Friedrich Verlag.

Seiffge-Krenke, Inge (2002): Geschlechtsunterschiede im Körperbild Jugendlicher und deren Bedeutung für das Selbstwertgefühl In: Praxis der Kinderpsychologie und Kinderpsychiatrie, 51, S. 147ff.

Stuppe, Andrea (2002): Die unaufgeklärte Nation. Der Spiegel, Nr. 39, 21. 9. 2002. S. 70ff.

Vogt, Gerhard: Wenn Kinder Kinder kriegen. Rheinische Post Nr. 37, 13.2. 2003

Volbert, Renate: Sexualwissen von 2- bis 6-Jährigen. In: BZgA (1998A): Forum Sexualaufklärung, Heft 2: Kinder. Köln.

Wegner, Wolfgang: Endlich erkannt – Wahrheiten über die Sexualität von Kindern. In: *Pro Familia Magazin, Heft 3/4 1998, 26. Jg.*

Vielen Dank für viel Unterstützung an:

Alle Interviewpartnerinnen und -partner, an Götz Kratzenstein, Irene Semmelmann, Christel Bossbach, Rainer Neutzling, Marie Ashauer, Claus Koch und ganz besonders an: Jana, Luca und Heiner.